Le
Vélo

Christian Dufour
Jean Durry

Flammarion

LES QUESTIONS QUE L'ON SE POSE

Aujourd'hui, un vélo sans pédalier, ni frein, ni chaîne, sans pneumatique ni dérailleur n'est qu'une épave. Pourtant, ces accessoires indispensables n'ont équipé que très progressivement le deux-roues. Quelles furent les grandes étapes de l'évolution du vélo ?

Obscène, dangereuse ou salutaire, en trois siècles la bicyclette a connu des revers de fortune. De nos jours, la politique urbaine continue de lui conférer un caractère polémique. Le vélo, présenté comme un art de vivre, peut-il révolutionner la ville ?

Le sport cycliste a la réputation d'être l'un des plus difficiles et des plus populaires. Certaines épreuves, particulièrement en France, ont acquis la dimension d'un mythe et ses champions font figure de héros. Comment la « petite reine » a-t-elle déclenché tant de passions ?

COMMENT L'ABC*daire* Y RÉPOND...

Le guide de l'abécédaire p. 7

Il explique comment comprendre le vélo en regroupant les notices de l'abécédaire selon trois perspectives. Un code de couleur indique le genre de chaque notice :

■ La machine : les modèles, l'anatomie.

■ Les hommes : les usagers, les champions, les inventeurs.

■ Le contexte : l'histoire, la production, la pratique.

Au fil de ces notices, et grâce aux renvois signalés par les astérisques, le lecteur voyage comme il lui plaît dans l'abécédaire.

L'abécédaire p. 29

Par ordre alphabétique, on trouvera dans ces notices tout ce qu'il faut savoir pour entrer dans l'univers du vélo. L'information est complétée par les éclairages suivants :
- des commentaires détaillés sur les différents types de deux-roues, des origines à nos jours ;
- des encadrés qui insistent sur les notions essentielles.

Le vélo raconté p. 11

En tête de l'ouvrage, une synthèse reprend l'articulation du guide de l'abécédaire en développant chacun de ses thèmes.

Chronologie p. 116
Bibliographie p. 117
Index p. 118

G U I D E

I. L'IRRÉSISTIBLE ÉLAN DU VÉLO

A. La naissance du vélocipède

De la draisienne, engin sans pédale inventé en 1817, au grand bicycle, impressionnant par sa selle si haut placée, le deux-roues mû par l'énergie humaine connut bien des métamorphoses au siècle dernier, avant de se rapprocher de la vraie bicyclette.

- ■ Acrobatique
- ■ Apprentissage
- ■ Cadre
- ■ Cheval
- ■ Collection
- ■ Draisienne
- ■ Équilibre
- ■ Grand bi
- ■ Michaux (Pierre et Ernest)
- ■ Pédale
- ■ Selle
- ■ Tricycle

B. Les temps modernes

Quand naquit enfin la petite reine, avec ses roues égales et sa traction par chaîne, l'industrie du cycle avait déjà fourbi ses armes. Innovations techniques et nouveaux modes de production allaient permettre à la bicyclette de connaître son âge d'or.

- ■ Bicyclette
- ■ Chaîne
- ■ Coventry
- ■ Frein
- ■ Industrialisation
- ■ Pneumatique
- ■ Pope (Albert Augustus)
- ■ Roue
- ■ Saint-Étienne

C. À la pointe du progrès

Loin de s'arrêter là, inventeurs et ingénieurs cherchèrent à améliorer encore la machine : mise au point du dérailleur, perfectionnement du système de freinage, allégement du cadre. Le vélo du futur est toujours devant nous.

- ■ Anatomie
- ■ Course (vélo de)
- ■ Dérailleur
- ■ Design
- ■ Futur (vélo du)
- ■ Salon
- ■ Triathlon
- ■ VTT

GUIDE DE

II. LE MEILLEUR AMI DE L'HOMME

A. Une nouvelle liberté

La bicyclette fut d'abord un symbole de modernité et de vitesse fort apprécié de l'élite sociale. Une fois les barrières sociales et culturelles tombées, elle conquit bientôt de nouveaux publics, offrant à tous – et à toutes – davantage de liberté.

- *Élite*
- *Femme*
- *Impôt*
- **Œuvre d'art**
- **Reine (Petite)**
- **Sexe**
- *Usage*
- *Vélophobie*
- **Vitesse**

B. Pratique et pas cher

Pour raisons économiques, le vélo sera pendant plus de trente ans le moyen de transport privilégié de nombre de Français. Son faible coût d'entretien reste encore une des raisons de sa popularité. En période de crise, il n'en est que davantage aimé.

- **Cinéma**
- **Chine**
- **Crise**
- *Démocratisation*
- *Enfant*
- *Production*
- *Travail*
- **Tandem**
- **Vêtement**

C. Le vélo vert

Aujourd'hui, avec l'aggravation de la pollution, les écologistes plaident pour un usage accru de la bicyclette. Vélo et environnement vont souvent de paire. Déjà au siècle dernier, les cyclotouristes évoquaient les balades à vélo comme un art de vivre.

- *Campagne*
- *Citadin*
- *Cyclotourisme*
- **Écologie**
- **Hollandais**
- **Mini-vélo**
- **Santé**
- **Vélo**
- **VTT**

L'ABCdaire

III. LE SPORT CYCLISTE

A. La vitrine du vélo

Le long d'une nationale ou au bord du canapé, les yeux rivés sur les rois de la route, ils sont des millions à vibrer à chaque coup de pédale du Tour. Duels mythiques, échappées spectaculaires, les affres et les grandeurs de la compétition tiennent en haleine des générations de passionnés.

- *Cinéma*
- *Compétition*
- *Coppi (Fausto)*
- *Extrême*
- *Merckx (Eddy)*
- *Poulidor (Raymond)*
- *Record*
- *Tour de France*
- *Zimmerman (Arthur)*

B. Journalistes et industriels

Les grands événements du sport cycliste réunirent à leurs débuts l'industrie, la presse et le sportif qui longtemps eurent intimement besoin les uns des autres. L'arrivée dans les années cinquante de nouveaux sponsors a toutefois quelque peu changé la donne.

- *Blondin (Antoine)*
- *Caricature*
- *Club*
- *Fédération*
- *Journalisme*
- *Langage*
- *Littérature*
- *Magazine*
- *Maillot*
- *Marque*
- *Publicité*

C. La route et la piste

Depuis les premières courses à la fin du XIXe siècle, les compétitions se sont multipliées tant sur la route que dans les vélodromes, avec chacune leur public. Progressivement, les coureurs se sont spécialisés, toutes les épreuves n'exigeant pas les mêmes qualités.

- *Course (vélo de)*
- *Giro (Le)*
- *Montre (contre la)*
- *Paris-Roubaix*
- *Piste*
- *Six Jours*
- *Tandem*
- *Tricycle*
- *Vélodrome*

LE VÉLO RACONTÉ

À leur manière, ces pages ont pour propos de flâner à bicyclette, cette petite merveille qui n'a cessé d'enchanter le monde depuis sa zigzaguante apparition. Car ce n'est pas une outrance que de qualifier d'irrésistible l'élan du vélo, de sa naissance aux temps modernes, et de considérer que cette machine roulante, inéluctablement vouée, semblait-il, à la vétusté et à l'archaïsme dès lors que se développait la civilisation des moteurs, reste au seuil du troisième millénaire à la pointe du progrès.

I. L'irrésistible élan du vélo
A. La naissance du vélocipède

En 1817, le Badois Drais von Sauerbronn imagine une *Laufmaschine* (machine à courir), poutre sur deux roues soutenant un marcheur aux grandes enjambées. L'invention passera à la postérité sous le nom de draisienne*. En France, elle sera nommée aussi vélocipède, ce terme étant défini de manière explicite dans la demande de brevet faite à Paris en 1818 : « machine inventée dans la vue de faire marcher une personne avec une grande vitesse en rendant sa marche très légère et peu fatigante par l'effet du siège qui supporte le poids du corps et qui est fixé sur deux roues qui cèdent avec facilité au mouvement des pieds ». Si l'engin de Drais connut un succès éphémère, il n'en fut pas moins le point de départ d'une longue histoire.

Un demi-siècle plus tard, l'ajout de pédales* par les Michaux* va en effet transfigurer le pesant mobile, car désormais le « cavalier » n'a plus besoin de reprendre, à chaque impulsion, tel un Antée roulant, contact avec le sol. Dès lors, les trouvailles les plus ingénieuses, les plus diverses vont se succéder. Les roues*, la selle*, le cadre* bénéficient de multiples améliorations, le point faible restant le système de transmission.

En 1869, James Moore remporte en 12 h 25 le premier Paris-Rouen – une prouesse pour l'époque –, mais son vélocipède est toujours mû par des pédales fixées sur le moyeu de la roue avant. Un an plus tard, les Britanniques pensent avoir trouvé la solution pour que l'engin avance plus vite. Ils mettent au point le « grand bi* », doté d'une roue avant hypertrophiée et d'une toute

LE VÉLO RACONTÉ

Leçon d'engins à roues dans un manège de draisienne, 1819. Paris, bibliothèque du Centre national des Arts et Métiers.

petite roue arrière. Pendant dix ans, ce bicycle où l'on était si haut perché, connaîtra un grand succès. Mais d'autres voies étaient parallèlement explorées, visant à offrir au conducteur de deux-roues davantage de sûreté.

B. Les temps modernes

La bicyclette* naîtra au milieu des années 1880. Équipée de roues égales de dimension raisonnable, bénéficiant surtout d'une traction arrière par chaîne*, elle s'impose rapidement. Plus rapide, plus sûre, elle accroît encore son efficacité avec l'avènement du pneumatique*. En 1891, Charles Terront, vainqueur d'un Paris-Brest-Paris sans étape, incroyable pour l'époque, soit 1 200 kilomètres en 72 heures quasi sans sommeil, bénéficie des premiers Michelin démontables. Avec l'avènement de la bicyclette, l'industrie* du cycle, qui avait seulement fourbi ses armes, va connaître son heure de gloire. Coventry*, en Grande-Bretagne, en profite la première, tandis qu'aux États-Unis, Pope* met en place la production* en série. En France, Saint-Étienne* lance en 1892 le modèle Hirondelle, dont les ventes ne cesseront de s'accroître jusqu'à la première guerre mondiale. La petite reine* parvient à séduire un public de plus en plus large.

Pour être telle que nous la connaissons aujourd'hui, il ne lui manque plus que le dérailleur* qui permettra, sans plus avoir à mettre pied à terre, de changer de développement et d'adapter la cadence de péda-

Page 10 :
Vélocipède Michaux. Peinture sur verre. Paris, galerie London Studio.

LE VÉLO RACONTÉ

lage à tous les reliefs, qu'ils soient favorables ou défavorables à la vitesse ; après bien des tentatives, ces systèmes s'imposeront définitivement en course lors des années 1930. Chaque période put croire ainsi qu'on ne surpasserait plus la perfection atteinte. Il n'en est rien. Si le bâti reste en principe composé d'un cadre reliant deux roues et de deux points d'appui, selle et guidon, l'étude des diverses parties de l'anatomie* du cycle – soit plus de 1 500 pièces ! disait le remarquable technicien et dessinateur que fut Daniel Rebour – parle d'elle-même : l'esprit jamais en repos des humains, les matériaux et technologies nouvelles, sont garants d'une incessante évolution, toujours mise au défi.

Départ de la course Paris-Brest. Gravure extraite du *Petit Journal*, septembre 1891.

LE DÉPART DE LA COURSE PARIS-BREST
(Devant le PETIT JOURNAL).

LE VÉLO RACONTÉ

Deadhorse Point, Utah.

C. À la pointe du progrès

De tous temps, améliorer les performances de la machine fut l'obsession des constructeurs. On chercha à diminuer le poids, et à doter les vélos de course* de formes aérodynamiques offrant moins de résistance à l'air. En s'inspirant de l'aviation, on imagina même des engins dotés d'un carénage. Aujourd'hui, dans le même esprit, des prototypes futuristes* sont en partie composés de matériaux issus de l'industrie aérospatiale. Si certaines innovations eurent une durée de vie très brève, d'autres comme le guidon de triathlète*, les roues lenticulaires, ou les cadres monoblocs aidèrent parfois à établir de nouveaux records*.

Dans cette quête incessante, les données sont constamment renouvelées, et il arrive que l'on revienne à des formes autrefois rejetées. Ainsi les premiers vélos tout terrain, à la fin des années 1970, étaient équipés de cadres en croix, comme les bicyclettes des années 1880. Le VTT* devant à l'origine résister aux pires accidents de terrain, les designers* mirent l'accent sur la solidité et la résistance plus que sur la légèreté.

Aujourd'hui, décliné selon une grande variété de modèles, le tout terrain est le vélo le plus vendu en France, il est devenu un objet de consommation de masse, apprécié tant des citadins que des amoureux de cascades en tout genre.

LE VÉLO RACONTÉ

Il n'en reste pas moins que les perfectionnements les plus modernes ne seront utiles que si l'on connaît bien sa machine. Sur leur VTT dernier cri, aux larges pneus crantés, ceux qui roulent fièrement le long des berges de la Seine oublient parfois qu'il vaudrait mieux ne pas se servir conjointement, sur terrain plat, du plus petit plateau de pédalier et de la plus grande couronne arrière – d'où un développement ridicule ne permettant malgré un pilonnage frénétique que d'avancer par sauts de puce. Mais peu importe, après tout, les voilà heureux...

II Le meilleur ami de l'homme
A. Une nouvelle liberté

Si les premiers vélocipédistes furent l'objet de moqueries, et la cible des caricaturistes*, très vite la bicyclette devint le symbole d'une ère nouvelle, un synonyme de progrès. Bien sûr, il y eut des réticences, des manifestations de vélophobie*, particulièrement virulentes quand les cyclistes étaient des femmes*. Mais toutes les critiques ne purent freiner au siècle dernier l'engouement de l'élite* sociale pour ce nouvel objet de luxe, d'ailleurs soumis à l'impôt* – les gens de la haute n'hésitaient pas à s'afficher au bois de Boulogne, qu'il s'agisse des membres de l'Omnium ou du Rallye-vélo dont le comité réunissait princes, marquis et comtes.

Affiche publicitaire pour les cycles Aumon, début du XXe siècle.

Double page suivante : Varanasi, Inde, 1955. Photographie de Steve McCurry.

LE VÉLO RACONTÉ

En 1898, dans *Un autre monde*, Joseph Henri Rosny – avant de remonter les âges avec *La Guerre du feu* – semble forcer outrageusement le trait : « La venue de la bicyclette est infiniment plus qu'une nouveauté sociale : c'est un des plus grands événements humains qui se soient produits depuis les origines [...]. La portée d'un tel fait est incalculable et je ne développerai pas ici la thèse que la bicyclette est le premier stade de l'aviation. » En trois lustres à peine, cette dernière prophétie s'avérera juste, et Rosny ne fut pas le seul à vanter les mérites de la bicyclette, symbole de vitesse* et d'autonomie bien avant l'automobile. Plusieurs œuvres*, tant en peinture qu'en littérature*, célébrèrent la petite reine au début du siècle. Mais l'homme de l'an 2000 peut-il comprendre à quel point elle put raccourcir les distances, et offrir une liberté nouvelle, permettant l'évasion de lieux trop familiers ?

Vallet, *Triplette près d'une plage*, juin 1896. Gravure. Paris, bibliothèque du musée des Arts décoratifs.

L'impact de la bicyclette fut d'autant plus important lorsqu'elle se démocratisa* vers les années 1910. Un phénomène qu'avait prédit Pierre Giffard, lorsqu'il inscrivait en manchette du premier quotidien sportif, *Le Vélo*, en décembre 1892 : « La vélocipédie est autre chose qu'un sport ; c'est un bienfait social. »

B. Pratique et pas cher

Effectivement, le vélo*, diminutif amical de vélocipède, devint en peu de temps le compagnon des masses populaires, compagnon de travail*, et compagnon de loisirs. Il offrit aussi parfois un moyen d'ascension sociale au jeune sportif qui sut agripper sa chance, tel

LE VÉLO RACONTÉ

Jacques Anquetil se refusant à suivre les rangs de fraisiers sur lesquels aurait dû se voûter sa vie durant l'ouvrier agricole de Quincampoix. Aujourd'hui encore, retrouvé, ressorti de la cave ou de la resserre, dépoussiéré dès que surgit une période de crise* – sociale, militaire ou énergétique –, le petit cheval*, cher aux Chinois*, revient à l'ordre du jour, et réimpose tout simplement, sans afféterie ni morgue outrecuidante, sa disponibilité, sa gentille docilité, sa bonne humeur. La moto, la mobylette, l'automobile, l'avion, semblèrent le condamner. Allègre, affectueux, à la première sollicitation, il ne se dérobe pas. Un peu d'air insufflé dans ses pneumatiques, et ce sont vos poumons qui ressentent déjà les bienfaits de l'oxygénation. Car il est vrai qu'il est pratique et peu cher, pourvu qu'on l'entretienne avec quelque soin, et qu'on ne soit pas dupe du jeu des accessoires soi-disant indispensables ou du dernier modèle, relativement dispen-

Départ en congés payés, Paris, gare Saint-Lazare, 31 juillet 1936.

dieux et censé avancer tout seul – jusqu'au moment où la chaussée se redresse et vous colle au bitume, le souffle court, ramené à la conscience de vos limites athlétiques.

Voter vélo revient – au sens propre – à élire une façon de vivre. En toute décontraction, ce qui n'exclut pas l'élégance, le style, ni l'humour. Même le gentleman se rendant vers la City sur son mini-vélo*, ou cette robuste Hollandaise* figée comme la Justice du haut de sa solide bicyclette au large guidon droit, ne manquent pas de tenue. En Europe du Nord, en Asie surtout, la bicyclette n'est pas seulement un instrument de loisirs mais aussi un objet du quotidien qui permet de résoudre en partie les problèmes de circulation des citadins*.

C. Le vélo vert

Pourtant, dans les années 1950, certains pensèrent que les jours de la bicyclette étaient dorénavant comptés. Le docteur Ruffier alla jusqu'à prononcer une *Oraison funèbre* : « Les cinq à six quarterons [...] qui persistent à pédaler entre les flots torrentiels des autos et des scooters ont beau protester que l'objet de leur passion anachronique n'est victime que d'un snobisme momentané, rien n'empêchera la paresse et la vanité de venir à bout du vélo. [...] Nos arrière-neveux ne connaîtront pas la joie de pédaler à travers la nature. »

Mais la cause n'était pas perdue. L'âge du vélo militant est revenu, aux couleurs de l'écologie* et du combat pour une vie plus saine et moins automobilistiquement grégaire. Ce militantisme ne date pas d'hier. On pourrait dire qu'il apparut en Angleterre, avec le Stanley Bicycle Club créé en 1876, puis aux États-Unis en 1878 avec le Boston Bicycle Club qui fit école. Le cyclotouriste* était déjà davantage

Bois de Boulogne, 1979. Photographie de Martine Franck.

un amoureux de la nature qu'un fou de vitesse. Le Touring Club de France, constitué en janvier 1890, dépassait les 20 000 sociétaires dès 1895. Il sut contribuer au réveil des petites villes et des auberges, et joua son rôle en poussant aussi bien à certaines améliorations techniques – freinage* et « polymultiplication » – qu'à une meilleure signalisation du réseau routier.

Par un retour cyclique de l'Histoire, le dernier tiers de ce siècle a vu réapparaître des initiatives et des groupements très actifs en faveur d'un moyen de déplacement répondant aux besoins et aspirations de ceux qui souffrent de nuisances croissantes dans leur environnement quotidien. Que ce soit en France – Mouvement de défense de la bicyclette, Fédération française des usagers de la bicyclette (1981) ; en Europe – Fédération des cyclistes européens apparue à Copenhague (1983) ; ou au niveau mondial – avec la conférence itinérante Vélo-City.

III Le sport cycliste
A. La vitrine du vélo

S'il est mille et une raisons qui peuvent motiver l'usage* du vélo, l'aspect sportif reste une donnée non négligeable, même si l'on n'est qu'un coureur anonyme. Le sport cycliste a presque d'emblée frappé, séduit, ému, fait rêver. Il est riche en figures légendaires. Au tout début du cyclisme, Arthur-Augustus Zimmerman*, surnommé « le yankee volant », suscitait déjà l'admiration. Tout comme le trio glorieux formé par Fred de Civry avec le rapide Paul Médinger et l'inusable Charles Terront – lequel deviendrait en 1891 l'immortel vainqueur de l'épreuve monstre Paris-Brest-Paris.

Jean Metzinger, *The Cycle-Racing Track*, 1914. Venise, Guggenheim Foundation.

De la masse des petits, des obscurs, des sans grade, se sont dégagés des champions. Fausto Coppi*, Eddy Merckx* demeurent hors du commun, par leur style propre et l'étendue de ce qu'ils apportèrent à leur discipline. Le duel entre Bartali et Coppi divisa l'Italie entière : ceci a un sens et les plus grands écrivains transalpins, tels Buzzatti et Malaparte s'en sont fait le miroir.

Et maintenant ? La réponse a sans doute été donnée le 17 juillet 1996 à l'issue de la dix-septième étape du 83e Tour* de France Argelès-Gazost-Pampelune. Ce même jour où Miguel Indurain – un instant à la dérive dans le terrible Port-de-Larrau avant de se raccrocher désespérément aux roues d'un deuxième groupe déjà distancé de plusieurs minutes par les meilleurs – sut que, cette fois-ci, après cinq victoires consécutives, se dérobait la Grande Boucle, il reçut pourtant l'hommage vibrant de tout un peuple qui, loin de l'accabler, lui prouva sa reconnaissance profonde des bonheurs qu'il lui avait donnés.

Ainsi le cyclisme et le Tour continuent de drainer des millions de spectateurs. Mieux, ils se sont mondialisés par le truchement de la télévision, avide de capter et retransmettre la course-phare, cet événement durant lequel, en 1933, le journal *L'Auto*, organisateur de l'épreuve, tirait à 730 000 exemplaires.

Greg Lemond et Bernard Hinault, arrivée de l'étape Briançon-Alpes d'Huez, Tour de France, 1986.

B. Journalistes et industriels

Les journalistes*, ou sur un registre sensiblement différent une plume aussi exceptionnelle que celle d'Antoine Blondin*, ont magnifié le cyclisme, faisant tout naturellement de la chanson du vélo une geste épique. Lorsque Georges Abran, starter à barbichette et lavallière, donna le 1er juillet 1903 le départ de Paris-Lyon, première des six étapes du Tour de France initial, il ouvrait un feuilleton aux rebondissements inépuisables. Cependant, la compétition* comptait alors au moins trente-cinq ans d'âge, si l'on retient 1868 en tant que date crédible.

Après les coureurs naquirent les sociétés, ensuite dénommées clubs*, et les fédérations*. Dès l'origine, des magazines* et des industriels firent leur miel de ces empoignades disputées tout de suite avec acharnement. C'était d'ailleurs le plus souvent la presse qui lançait et organisait les grandes épreuves routières, tandis que les différentes marques* rivalisaient durement, équipaient les champions et retiraient des bénéfices de leurs exploits. Ce fut le cas jusque dans les années 1950, quand le financement des équipes changera de manière radicale, avec de nouvelles pratiques publicitaires*.

L'attente du Tour, 1936. Photographie de Robert Capa.

Edward Hopper, *Cycliste français aux Six Jours*, 1937. H/t 43 × 48. Coll. part.

Un exemple intéressant serait celui d'Adolphe Clément : classé troisième en 1877 d'Angers-Tours-Angers sur « grand bi », il s'installe l'année d'après dans une toute petite boutique à Paris, 20, rue Brunel, près des Champs-Élysées, travaille sans relâche, ayant compris la valeur des compétitions comme banc d'essai du matériel autant que comme instrument de réclame. Une fortune bientôt considérable lui

sourira lorsqu'au Salon* de Londres de 1889 au Crystal Palace, il décide de se porter acquéreur pour la France du tout récent brevet des pneumatiques Dunlop ; après avoir à son tour fait courir et proclamé par voie d'affiches les heureux résultats de ses champions, il deviendra constructeur d'automobiles, puis des dirigeables Clément-Bayard utilisés durant la Première Guerre mondiale.

C. La route et la piste

Si au début du siècle les spécialités n'étaient pas encore tout à fait tranchées – un Constant Huret presque imbattable sur les vélodromes* dans les épreuves de 24 heures derrière entraîneurs multiples se montrant capable de remporter aussi le Bordeaux-Paris 1899 à une allure-record qui ne serait dépassée que 34 ans après – la distinction s'avérait tout de même nette entre l'univers de la piste* et celui de la route. Les épreuves sur piste, école d'adresse et de vélocité, courues dans les vélodromes – brillant univers avec ses coureurs en maillot* de soie, ses tribunes permanentes, ses officiels officiant dignement, sa cloche du dernier sprint et son ambiance particulière – attiraient des milliers de spectateurs. Sur la route, c'étaient les coureurs, vêtus* de jambières et maillots de laine, qui pédalaient à la rencontre d'un public parfois ébaubi, puis souvent conquis.

Le cyclisme s'est structuré au fil des années. Les confrontations internationales n'attendirent certes pas l'après-Seconde Guerre mondiale pour se trouver à l'ordre du jour, mais reçurent une impulsion très forte lorsque fut décidé en octobre 1947 la création du Challenge Desgrange-Colombo portant sur l'ensemble d'une saison. Le clivage s'est fait peu à peu plus tranché entre les classiques d'un jour – tel Paris-Roubaix* – et les courses par étapes – dont le Tour de France, encore, et le Giro* d'Italie sont les plus en vue. Les vélodromes se sont raréfiés et les pistards parurent voués à l'extinction prochaine – les Six Jours* exemple type de sport-spectacle s'étiolant –, mais les Jeux Olympiques leur ont permis de survivre.

La recherche de l'extrême*, la poursuite des records – l'heure sur piste sans entraîneurs – sont autant d'aspects du sport cycliste. Aujourd'hui encore, en dehors de toute compétition officielle, des amoureux du vélo cherchant à se surpasser accomplissent pour eux-mêmes de véritables exploits. En ces domaines, l'imagination n'a pas de bornes. Quelle que soit sa forme ou la façon dont on en use, la petite mécanique ingénieuse portée sur les fonts baptismaux un jour de juillet 1817, roule, roule, roule, et ne s'arrêtera plus...

Jean DURRY

Darry Hill
et Frédéric
Magné, Open
des Nations,
1995.

ABÉCÉDAIRE

■ Acrobatique

Lorsqu'en 1868, dans le prolongement immédiat des épreuves disputées au parc de Saint-Cloud le 31 mai, se développent les courses de vélocipèdes, le programme des compétitions* comporte presque invariablement des épreuves de vitesse*, mais aussi de lenteur, d'adresse et de passage d'obstacles, mettant en jeu l'aisance en machine à l'égal des qualités athlétiques. À l'avènement du « grand bi* », monter en selle* et y rester n'est pas une performance si facile. Bientôt, pour épater les gogos du bois de Boulogne, et les maladroits, de joyeux loustics prennent les positions les plus invraisemblables. Ils ne rivalisent cependant pas avec les artistes de cirque – tels la célèbre famille américaine des Kaufmann –, dont les prouesses iront des évolutions sur monocycles ou modèles démesurés nécessitant des échasses jusqu'aux escadrilles d'équilibristes* chinois parvenant à se jucher, on ne sait comment, de part et d'autre d'une « fragile » bicyclette*. Au tournant du siècle, des coureurs connus tels Maurice Garin ou Lucien Lesna n'hésitaient pas à s'affronter dans de mini-arènes à l'intérieur desquelles ils ne tenaient que par leur vitesse, tandis que certains risque-tout prenaient leur élan du haut du chapiteau afin d'effectuer un *looping-the-loop*.

Si les compétitions de cyclo-cross, les passages pavés des « classiques » de printemps, les descentes de cols, la préparation d'un sprint tumultueux nécessitent souvent que les coureurs jouent les acrobates, que dire alors des dégringolades de pentes en VTT*, ou des virevoltes des *bikers* contemporains ? JD

APPRENTISSAGE

■ Aérodynamique.
Voir Design

■ Anatomie
La structure essentielle d'une bicyclette* s'avère d'une étonnante simplicité, et n'a pas fondamentalement changé depuis que Louis Baudry de Saunier l'a détaillée dans *Le Cyclisme théorique et pratique* (1892). Tout part du cadre*, constitué de tubes en acier, duralumin, titane ou autre fibre de carbone, et sans cesse amélioré pour offrir davantage de résistance et de légèreté. Entre les pattes des fourches avant et arrière viennent se loger les roues*, équipées de pneumatiques* ou de boyaux, et comportant un moyeu central relié à la jante par les rayons – à moins qu'il ne s'agisse de roues pleines. Pour que cadre et roues ne restent pas des objets inertes, la naissance et la transmission du mouvement vont s'opérer grâce à l'ensemble chaîne*-pédalier et pédales*-dérailleur.
Encore faut-il deux points indispensables d'assise et d'appui, la selle* et le guidon avec ses poignées de frein* (quand le système de freinage ne se situe pas dans le moyeu lui-même).
Si les recherches constantes engendrèrent d'incessantes évolutions, l'amélioration majeure par rapport aux origines aura été le changement de vitesse, le dérailleur*, permettant aujourd'hui d'adapter la cadence de pédalage à tous les reliefs. Car le plus beau vélo du monde restera toujours tributaire de la manière, intelligente ou non, dont on en use. JD

Pages précédentes :
Affiche publicitaire pour les Folies-Bergères.

Marthe et Juliette Vesque, *Cyclistes et patineurs : les Daunton Shaw*, Olympia, 6 novembre 1925. Aquarelle. Paris, musée des Arts et Traditions populaires.

Grand manège central. Affiche publicitaire, 1894. Paris, bibliothèque Fornay.

■ Apprentissage
Monter sur un deux-roues fut d'abord un fait très marginal. Les premiers vélocipédistes suscitèrent l'étonnement, mais surtout la moquerie, faisant la joie des caricaturistes*. Enfourcher un vélocipède ou un « grand bi* », pour tenter de se mouvoir avec, relevait, il est vrai, de l'exploit. L'absence de fiabilité technique, et notamment de systèmes de freinage* efficaces, l'état des chemins, le manque d'habitude du « cavalier », tout concourra d'abord à éloigner les plus courageux. Mark Twain, dans *Taming the bicycle*, donne un conseil qui laisse imaginer la difficulté de son propre apprentissage : « Achetez un bicycle. Vous ne le regretterez pas, si vous survivez. » Pour remédier à tous ces obstacles, les fabricants comprirent vite qu'il fallait montrer au client qu'il allait être capable de domestiquer « l'animal ». Entre l'atelier et le magasin, les marchands de cycles proposèrent de petites salles d'entraînement où le novice pouvait s'essayer à cette forme nouvelle d'acrobatie*. Puis les manèges, appelés aussi *velocipedarium*, se développèrent et se transformèrent bientôt en clubs* privés réservés à l'élite*. Le grand bourgeois ou la femme* du monde, ne pouvant se permettre le ridicule d'une chute publique, apprenait sous le seul regard du maître de selle. Enfin, la maîtrise de l'équilibre* par beaucoup de ceux qui s'y étaient essayé, et surtout les progrès techniques, générèrent l'appétit des curieux, et confortèrent la crédibilité de la machine. CD

BICYCLETTE

L'anatomie* de la bicyclette telle que nous la connaissons, avec ses roues* égales et de diamètre raisonnable, et surtout sa traction arrière par chaîne*, s'est imposée vers la fin des années 1880, alors que le « grand bi* » commençait à lasser, et que les tricycles* étaient jugés trop encombrants. Que les premiers spécimens, voulant échapper à la logique équilibriste* des « grands bi », se soient appelés safety ou bicycle de sûreté confirme à quel point la hantise des chutes imposait le besoin d'engins plus proches du sol. Le Marseillais Rousseau, le Bordelais Juzan frayèrent la voie. Mais c'est bien aux Anglais que revient le mérite d'avoir dépassé le stade des trouvailles individuelles pour passer à celui de l'industrialisation*.

À la fin 1884, le Kangouroo de la firme Hillmann, Herbert & Cooper, puis, en 1885, le Rover de la maison Starley et Sutton à Coventry* s'avèrent non seulement plus stables, mais bientôt plus rapides que les « bi ». En 1886, alors que sur le catalogue de la firme Rudge apparaît The bicyclette dwarf safety, le Britannique Herbert Osbaldeston

Bicyclette *Gauthier*, 1886. Saint-Étienne, musée d'Art et d'Industrie.

Duncan remonte sur « le » bicyclette de Montpellier vers Paris en six jours ; son passage à Saint-Étienne* sera l'occasion d'un dessin du modèle, piraté à la hâte, point de départ de la réussite industrielle locale.

Le 11 juillet, Émile van Berendonck alias Éole remporte à Auch la première victoire à bicyclette sur le sol français ; le 14 juillet à Toulouse, les champions du bicycle refusent son engagement. Mais très rapidement, la bicyclette va séduire par sa commodité.

En 1889, les commandes atteignent 95 % du marché. Et si Charles Terront est une dernière fois champion de France sur « grand bi » en 1890, déjà la bicyclette s'impose, bénéficiant des avantages évidents du pneumatique*. Par dizaines, puis par centaines, les marques* concurrentes se multiplient. Au tournant du siècle, la production* de masse abaisse le coût, au point que la bicyclette, longtemps apanage des classes aisées, se démocratise*, avant d'être supplantée par l'automobile. Sous ses différentes formes et formules, elle gardera jusqu'à nos jours son pouvoir de séduction. JD

Antoine Blondin.

Blondin (Antoine)

« Vingt-quatre fois le Tour représentent sensiblement 100 000 kilomètres, soit deux fois et demie le tour de la Terre, bouclés à 37 kilomètres à l'heure dans le sillage de postérieurs court-vêtus et relativement peu expressifs. » Ainsi s'exprimait Antoine Blondin (1922-1991), l'un des écrivains français les plus délectables de ce siècle, contant ses périples et sa passion pour la Grande Boucle dans *Sur le Tour de France* (1979), après en avoir suivi 533 étapes. Cette course, il l'avait « prise en marche » pour la première fois en juillet 1954, entre Bordeaux et Bayonne. Les « papiers » éblouissants livrés à *L'Équipe* jour après jour de ces mois d'été seront un bonheur littéraire* : une langue et un style étincelants, un humour, une compréhension intime du sport et des sportifs s'y mêlent pour la jubilation des lecteurs. Hors du Tour*, ses quelque 700 chroniques données pendant près de trois décennies, et notamment « La Semaine buissonnière » tenue assez fidèlement pour *L'Équipe* entre le 9 novembre 1954 et le 31 octobre 1958, ainsi que d'autres textes dispersés ici ou là, firent souvent place au sport cycliste, et par exemple au Paris-Roubaix*, lors duquel, au sommet de la montée de Mons-en-Pévèle, « le haut du pavé devait se retrouver sur les pavés du haut ». Dans cet univers, Blondin trouvait un havre privilégié ; son don de l'amitié éclairait les soirs d'étape et ces rassemblements qui précèdent les départs. La voiture qu'il partageait invariablement avec les journalistes* Pierre Chany et Michel Clare méritait certes d'être suivie. JD

Cadre

L'ancêtre du cadre était une poutre sur laquelle le pratiquant, assis à califourchon sur sa draisienne*, tentait d'avancer en tapant du pied par terre pour

se propulser. Mais, entre 1888 et 1891, le cadre devient la véritable charpente de la bicyclette*, et le complément indispensable du système de pédalage.

Avant que ne s'impose, dès la fin du XIXe siècle, la figure géométrique en triangulation que nous connaissons, et qui permet d'obtenir rigidité et robustesse, avaient prévalu d'abord le cadre en croix, puis le cadre pentagonal ou diamant. De la forme du cadre dépend le rendement du cycliste. La position en avancée avec une fourche avant peu recourbée répond au besoin de vitesse et de nervosité du vélo de course*. À l'inverse, sur les modèles hollandais*, confort et stabilité s'obtiennent grâce à un cadre à fourche avant très recourbée. Très tôt, on a conçu des modèles appropriés à la morphologie féminine*, tel le cadre diagonal qui permet de passer la jambe entre le guidon et la selle*, la manière d'enfourcher la machine variant selon le sexe*. Dans les années 1980, l'attrait suscité par le VTT* a entraîné de nombreuses modifications. Avec l'utilisation de nouveaux matériaux (titane, fibre de carbone, aluminium, magnésium), et l'apparition de formes atypiques de cadres (aliens, araignées et autres *sloping*), le design* du vélo a davantage évolué ces dix dernières années qu'en cinquante ans. Les recherches récentes ont privilégié tantôt un meilleur aérodynamisme, tantôt une résistance optimale. CD

Atelier de fabrication de cadres, usine Manufrance, Saint-Étienne, v. 1900.

CAMPAGNE
La France à portée de roues

Toutes les enquêtes du début du siècle montrent que la civilisation de la bicyclette* a une origine citadine*. Après avoir conquis la clientèle bourgeoise des grandes villes, le vélocipède va se heurter à l'hostilité des paysans. Dans les campagnes, les premiers *velocemen* seront parfois accueillis à coups de gourdin. La bicyclette est alors un symbole de vitesse*, de modernité urbaine et industrielle, tout ce à quoi s'oppose le monde rural qui se sent menacé.

La pratique vélocipédique aura pourtant des conséquences non négligeables sur la vie des campagnes, comme a pu le préciser Eugen Weber dans *La Fin des terroirs* (1983). La bicyclette, devenue objet utilitaire, aidera à désenclaver villages et hameaux. L'impôt* imposé aux pratiquants dès 1893, à savoir une taxe annuelle de 10 francs, servira à l'entretien des petites routes, dont l'état était jugé déplorable par beaucoup de vélocipédistes.

Mais c'est sans doute le Tour* de France qui eut le rôle le plus exemplaire. Mettant en valeur les particularismes des différents terroirs, il séduira le peuple français, majoritairement paysan jusqu'en 1914. Comme l'écrit en 1936 l'écrivain Pierre Mac Orlan : « Rien n'est plus étroitement adapté au goût populaire de l'époque. C'est une fête citadine et rurale, une fête nationale. » Avec la victoire du Front populaire et l'octroi de deux semaines de congés payés, le vélo* symbolisera l'évasion estivale au grand air. Finalement, avec l'essor du mouvement écologiste*, c'est dans les campagnes, là même où la bicyclette avait d'abord été décriée, que sera trouvée la source d'une forme nouvelle d'utilisation. Le vélo retrouvant ainsi son usage* originel, lié aux loisirs. CD

Provence, 1954. Photographie d'Elliott Erwitt.

Caricature

La draisienne*, cette monture insolite, et les mésaventures de ses démonstrateurs excitèrent d'emblée la verve caustique et graphique des caricaturistes. Devenue Outre-Manche en 1819 le *hobby-horse*, elle est épinglée par Cruikshank ou Rowlandson, qui brocardent les attitudes ridicules des utilisateurs, et témoignent de l'accueil peu amène réservé dans les campagnes* à ces originaux. Un demi-siècle plus tard, les vélocipédistes n'échapperont pas aux

CHAÎNE

moqueurs qui peuvent s'appeler Daumier ou Cham. Les magazines* spécialisés, qui se multiplient, font un large appel aux illustrateurs, dont le talent plus ou moins délicat s'exprime à profusion. Dans la dernière décennie du XIXe siècle, S'tick dirige le *Vélodrôle* dont il image la première page par ses portraits en charge. Mich, qui passe aisément de la presse à l'affiche, est le premier de ces caricaturistes à quatre lettres qui dans les colonnes de *L'Auto*, puis de *L'Équipe* accompagneront l'histoire des courses cyclistes : Pico, Caza, Dero notamment. Dans d'autres colonnes, Kelen, Jack Plunkett – habillant les frères Pélissier en « forçats de la route » –, Red pour *Le Miroir des sports*, s'en donneront à cœur joie. Si Jacques Faizant a souvent fait rouler la petite reine*, le maître du genre reste évidemment René Pellos, et ses montagnes-juges de paix incarnant cette légende du Tour* qu'il a mieux que personne contribué à révéler. JD

■ **Chaîne**
Dans sa remarquable thèse présentée en 1990 aux Hautes Études, *Histoire du vélocipède*, au chapitre « Mystifications », Keizo Kobayashi fait un sort à la bicyclette dite de Meyer et Guilmet – machine à chaîne, longtemps prétendue de 1869, et probablement assemblée, selon lui, pour une exposition en 1906. De fait, les tout premiers bicycles à traction par chaîne, très proches des classiques bicyclettes*, apparurent au seuil des années 1880. Mais avec quel type de chaîne ? La chaîne Simpson, reproduite en 1896 sur une œuvre* de Toulouse-Lautrec, était une chaîne dentée s'enclenchant dans les trous du plateau de pédalier, soit l'exact contraire du système actuel. Le système de transmission dit acatène – un arbre engrenant des pignons crantés – se substitua même à la chaîne à la fin du siècle, eut son heure de gloire dans les courses de longue distance de 1896 à 1898. Un Paul de Vivie, père du cyclotourisme*, mettra au banc d'essai de multiples machines à changement de vitesse, avec parfois bichaîne ou chaîne flottante. Trouver le meilleur système donna lieu à bien des débats. Si la chaîne à blocs fut longtemps l'apanage des rois de la piste*, suivie par la chaîne de 3

Henri de Toulouse-Lautrec, *La Chaîne Simpson*, 1896. Affiche, 86 × 128. Zurich, Kunstgewerbemuseum.

Les Premiers Bicycles. Caricatures de Georges Cruikshank, 1819. Gravure.

CHEVAL

Shangai, Chine. Photographie de Stuart Franklin.

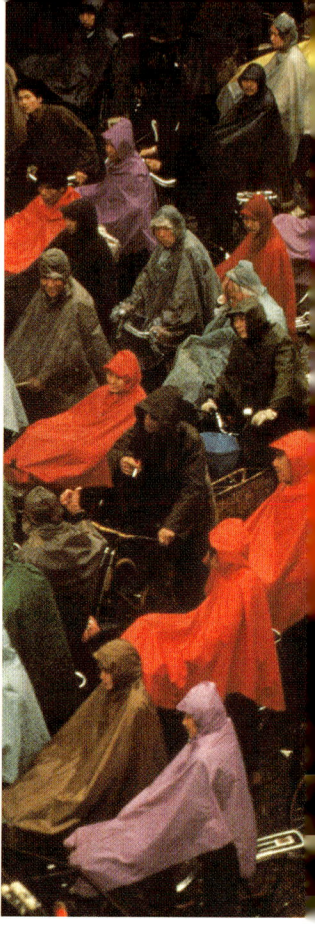

(maillons larges de 3,17 mm), la chaîne à rouleau dite chaîne de 2 (2,38 mm) s'est imposée de manière presque uniforme. Quant à l'expression savoureuse du langage* des pelotons, « être (ou ne pas être) en ligne de chaîne » appliquée à celui dont le cerveau fonctionne correctement (ou non), elle fait fi des écarts de position facilités aujourd'hui par la souplesse et la capacité des dérailleurs* contemporains. JD

■ Cheval

Comment qualifier cet individu qui prétendait déambuler sur une poutre reliant deux roues* bandées de fer, d'un autre vocable que celui alors commun de « cavalier » ? Tel fut donc le sort des tout premiers utilisateurs de draisiennes*, voire de vélocipèdes de type Michaux*. Des courses hippiques sortit aussi très naturellement le modèle des tenues vestimentaires* : casaques initialement de soie, bottes vouées à disparaître assez rapidement. Pourtant, très vite, l'opposition se fait jour entre les tenants de la civilisation équine et ceux du « cheval d'acier », adversaire susceptible de les évincer. Pierre Giffard ne s'y trompe pas, qui

Page 40 : Photographie extraite du film *Jour de fête* de Jacques Tati, 1954.

Page 41 : Bruges, Belgique.

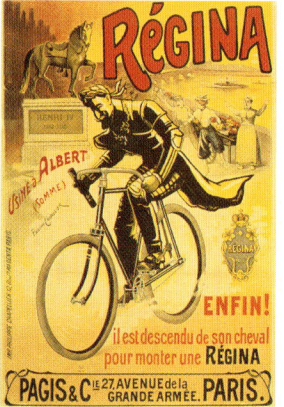

Affiche publicitaire pour les cycles *Régina*, v. 1900. Paris, bibliothèque Forney.

publiera en 1897 *La Fin du cheval*. En octobre 1875 déjà, pour concurrencer un lieutenant hongrois qui était allé de Vienne à Paris en 15 jours sur son cheval *Caradoc*, Albert Laumaillé avait accompli le trajet inverse, soit 1240 kilomètres, en 12 jours et 10 heures, prouvant indiscutablement la supériorité du bicycle. Il y eut des défis au Trotting Club de Levallois entre des coureurs de fond et des émules de Buffalo Bill sautant d'un cheval sur l'autre, mais qui durent s'avouer vaincus.

Aujourd'hui encore, des parieurs relancent parfois, mais pour de courtes distances, le débat concernant la suprématie éventuelle de ce qui fut la plus noble conquête de l'homme sur le bipède pédalant. JD

■ CHINE : 380 MILLIONS DE « DRAGONS SOURIANTS »

Appelée anciennement « dragon souriant », la bicyclette* ne fit son apparition en Chine qu'à la fin du XIXe siècle, apportée par les Anglais, puis par les Japonais. Après la révolution de 1949, les dignitaires chinois comprirent l'importance de cet engin, seul capable d'assurer au peuple une certaine mobilité, notamment dans les campagnes*. À l'époque, la Chine ne comptait que 14 000 bicyclettes. Aujourd'hui, l'ensemble du continent asiatique compterait davantage de cycles qu'il n'y a d'automobiles sur la planète. Rien qu'en Chine, près de 380 millions de bicyclettes seraient en circulation. Les cinq cents plus grandes villes du pays (27 % de la population totale) regrouperaient presque la moitié du parc des vélos (47 %), la production* étant concentrée à 95 % dans les provinces littorales, les plus urbanisées. La bicyclette doit donc être perçue comme un phénomène essentiellement urbain.

Le faible niveau de vie est souvent mis en exergue afin d'expliquer l'usage* de la bicyclette. Il est vrai que l'insuffisance des revenus des foyers chinois (le coût d'un vélo correspond environ à quinze jours de travail), et la faiblesses des budgets publics n'ont autorisé à un niveau satisfaisant ni le développement de l'automobile (1,5 million de voitures particulières pour 1,2 milliard d'habitants), ni celui des transports en commun. Mais le paupérisme n'explique pas tout. Les raisons historiques mises à part, l'explication la plus évidente demeure l'importance de la densité démographique. Eu égard au manque de fluidité des grandes artères urbaines, la possession d'automobiles privées relève de l'invraisemblance. La bicyclette reste ainsi la seule capable de répondre aux besoins de mobilité des citadins*. CD

CINÉMA

■ Cinéma

Dans une superbe séquence des *Lois de l'hospitalité* (1923), Buster Keaton se dirige à grandes enjambées vers New York sur son *hobby-horse* ou draisienne*. Dès les débuts du cinématographe, présenté en décembre 1895 par les frères Lumière, leurs opérateurs filmèrent le premier âge d'or de la bicyclette*, à la sortie des usines lyonnaises ou dans les rues de Chamonix. Puis, alors que le vélo se démocratisait*, les actualités Gaumont, Pathé, Éclair présentèrent d'autres images, comme ces tandémistes* de 1936, fixés dans la mémoire collective.

Quant à l'univers des compétitions*, il donna matière à des documentaires, signés parfois Louis Malle et Jacques Ertaud (*Vive le Tour*, 1962) ou Claude Lelouch (*Pour un maillot jaune*, 1965), le sommet du genre étant sans doute le remarquable long métrage de Joël Santoni, *La Course en tête* (1974), portrait du peloton plus encore que d'Eddy Merckx*, son sujet de départ.

Côté fiction, en dehors de films célèbres, au titre trompeur pour qui s'intéresse exclusivement à la petite reine* – *Le Voleur de bicyclette* (1948) de Vittorio de Sica, ou *La Mort d'un cycliste* (1954) de Bardem –, on citera notamment, tous deux tournés sur le Tour*, *Le Roi de la pédale* (1926) de Maurice Champreux, feuilleton en six épisodes qui fit la gloire de l'acteur Biscot, ou *Les Cinq Tulipes rouges* (1948), un policier de Jean Stelli. Avec *Les Cracks* (1968) d'Alex Joffé mettant Bourvil en selle, et *La Bande des quatre* (1979) de Peter Yates, on passe au registre de la comédie, même s'il est encore question de champions. Mais l'as des as, n'est-ce pas François le facteur, alias Jacques Tati, et son merveilleux *Jour de fête* (1949) ? JD

■ Citadin

L'évolution des rapports entre les cyclistes et les autres usagers de l'espace urbain montre, à l'évidence, une difficulté récurrente à cohabiter sur le macadam. « Nous autres Parisiens, ne sommes-nous pas obligés, à chaque heure du jour, de nous offrir en holocauste aux inventeurs de cyclisme et d'automobilisme ? », s'inquiète Guy de Charnacé en 1902 dans *Hommes*

Édouard Grandjean, *La Place Clichy*, 1896. H/t. Paris, musée Carnavalet.

et choses du temps présent. À l'inverse de la tendance actuelle, les premières décisions préfectorales eurent pour objet de réduire, voire d'interdire la pratique de cette machine dans certaines artères de la capitale. Sous le Second Empire, les vélocipédistes, effrayant les chevaux*, subirent l'hostilité des chauffeurs de fiacres. La réglementation se révéla vite totalement inadaptée. On a peine à imaginer, par exemple, les bouleversements provoqués par l'avènement du pneumatique*. S'il permit de réconforter le séant du cycliste, il provoqua aussi une extension des accrochages. Les déplacements à vélo étant devenus beaucoup moins perceptibles à l'oreille des piétons, le port d'un avertisseur sonore devint la règle. Puis la bicyclette fut supplantée par l'automobile. Avec la crise* pétrolière et le renouveau de l'écologie*, certains pays scandinaves et la Hollande* favorisèrent l'emploi du vélo. Mais la France, sans doute à cause du lobby automobile, ne suivit pas cette voie. Seules quelques villes, La Rochelle dès 1976, avec ses « vélos jaunes » mis gracieusement à disposition de la population, Rennes, Nantes et surtout Strasbourg semblent désireuses d'intégrer la bicyclette dans leur réseau de transport.

Aujourd'hui, devant l'augmentation de la pollution et des nuisances induites par l'automobile, une concertation s'engage entre les élus et les associations écologistes, notamment à Paris. Mais avant de débattre du bien-fondé des pistes cyclables, il faudrait donner au cycliste un statut d'usager-citoyen, avec les mêmes droits mais aussi les mêmes devoirs que les autres usagers de la route. CD

COLLECTION

■ Club

Dès la naissance du sport vélocipédique, les clubs puis les fédérations* feront leur apparition ; le premier semble avoir été, en 1868, le Véloce Club de Paris, 30, rue Montaigne, suivi de peu par le Véloce Club de Toulouse ; le 9 mars 1869 naît le Véloce Club rouennais, qui demeure aujourd'hui pour avoir battu de deux jours à peine le Véloce Club rennais, le plus ancien club existant en France. Le 6 février 1881, à l'initiative du Cosmopolite Véloce Club de Saint-Pierre-les-Calais, dix délégués représentant douze sociétés dont huit de province fonderont l'Union vélocipédique de France.

Pour tout débutant, le club de son quartier ou de sa ville restera la première cellule d'accueil, celle où il fait son apprentissage* – avant d'aller vers des formations plus huppées –, celle dont les couleurs auront toujours pour lui une signification sentimentale toute particulière. Ainsi le maillot* blanc à bande noire horizontale du Vélo club de Levallois, le VCL cher au manager Paul Ruinart, fut-il longtemps représentatif d'une véritable académie du cyclisme français. Si le sport cycliste dégage par nature de fortes individualités, l'équipe y joue un rôle essentiel, et dans les premières et modestes courses d'une carrière, le challenge par équipes, souvent attribué par l'addition des trois meilleurs résultats de chaque club, occupe une part non négligeable. C'est en tout cas généralement par l'intermédiaire d'un club que les coureurs reçoivent la licence sans laquelle ils ne pourraient s'aligner au départ ; et cette structure sert encore souvent de support aux formations et groupes sportifs situés tout en haut de l'échelle. JD

■ Collection

Quel que soit le temps écoulé, il est remarquable que les machines constitutives par elles-mêmes de l'histoire du cycle soient arrivées jusqu'à nous en ayant échappé à la destruction. Pour préserver ces engins parmi lesquels figurent d'authentiques draisiennes*, les collections et les musées ont évidemment joué un rôle salvateur essentiel. Allemagne, France, Grande-Bretagne, Pays-Bas, Suisse, Italie, mais aussi États-Unis, Canada, Japon en offrent d'excellents exemples. La passion des collectionneurs et le travail des conservateurs permettent alors, la présence des objets évitant toute contestation, de visualiser et de préciser

COMPÉTITION

toutes les affirmations et comparaisons possibles ; ils ont ainsi, *a contrario*, aidé à démontrer que le soit-disant « célérifère » inventé par un « Monsieur de Sivrac » à la Révolution n'était qu'une mystification pure et simple, car nulle part, et pour cause, n'a pu en être identifié le moindre vestige. Les ensembles de modèles retrouvés et réunis sont ensuite exposés, au vif intérêt des visiteurs. Le Moulin de la petite reine, cher à Gérard Buisset, décorateur qui sut retrouver une partie des archives de la famille Michaux*, se trouve aujourd'hui au Buisson-de-Cadoin en Dordogne et couvre essentiellement l'avant-1914 ; quant au musée national du Sport à Paris, il présente jusqu'à nos jours les vélos effectivement utilisés en course* par Petit-Breton, Antonin Magne ou Bernard Hinault. Pour le plaisir des yeux et l'insatiable curiosité des chercheurs. JD

■ Compétition

Il revient au Touring Club de France d'avoir fait apposer longtemps après sur les grilles du parc de Saint-Cloud une plaque indiquant que « le 31 mai 1868 [...] fut [ici] gagnée par James Moore la première course de vitesse de vélocipèdes organisée en France ». Se mesurer aux autres est si naturel à l'être humain qu'on doit pourtant imaginer comme bien antérieure la naissance des compétitions, et de fait, le *Bayerische Landbote* a relaté une course de draisiennes* du 20 avril 1829 disputée entre la Karolinen Platz de Munich et le joli château de Nymphenburg : 26 partants et victoire de « Monsieur de N... » parcourant les 4 500 mètres en 31 mn 30 s, pour un prix de 20 thalers.

Le premier grand « ville à ville » routier sera le Paris-Rouen, remporté par le même James Moore le 7 novembre 1869 (123 kilomètres en 10 h 25). Il préfigura les futures « classiques » d'un jour, longues de plus de 200 kilomètres : Bordeaux-Paris (1891), Paris-Roubaix* (1896), dans le même registre que Liège-Bastogne-Liège (1892) et plus tard le Tour des Flandres (1913), Milan-San Remo (1907) ou le Tour de Lombardie (1905). D'autres types de confrontation apparaîtront : brèves courses de côte ; courses contre la montre* avec départs séparés – par oppo-

Le départ de la course Paris-Roubaix, 1896.

Fausto Coppi dans le Grand Prix des Nations, 1949.

sition à ceux dits en ligne. Sur la route, les championnats officiels permettront de décerner des maillots* distinctifs : en France, à partir de 1907 ; sur le plan mondial, en 1921 pour les amateurs, et en 1927 pour les professionnels – désormais, ces deux catégories n'en font qu'une, permettant à tous les meilleurs de concourir aux Jeux Olympiques. Quant aux courses par étapes, avec classement général final, le Tour* de France (1903) en aura été le modèle, avant le Giro* italien (1909), le Tour de Suisse (1933), la Vuelta espagnole (1935) et d'innombrables épreuves de plus courte durée. JD

■ Coppi (Angelo Fausto)

Le lundi 4 janvier 1960, deux jours après qu'il eut rendu le dernier soupir pour une malaria non décelée, des milliers de personnes firent cortège au cercueil d'Angelo Fausto Coppi dans l'ultime montée vers le cimetière de Castellania ; au cœur de la foule, le vieux Pavesi, Bartali, Baldini, Magni, Nencini, Gaul, Kubler, Anquetil, Bobet, Vietto ; funérailles aussi bouleversantes que l'aura été la vie brève du longiligne *campionissimo*, né en 1919 dans ce même village du Piémont. Après une première période faste – où il bat notamment le record* de l'heure du Vigorelli (1942) entre deux alertes –, il repart de zéro une fois la guerre finie, et signe en 1945 à la Bianchi, dont il portera au plus haut le maillot* bleu pâle à bande blanche.

Dès lors, jusqu'en 1953, et quels que soient les « incidents de parcours », rayonnera le pur talent de ce grimpeur d'exception et rouleur hors pair – remarquable poursuiteur sur piste*, presque invincible contre la montre*, jamais rejoint une fois qu'il avait réussi à s'extirper du peloton. Entre toutes ses victoires, comment oublier le Milan-San Remo 1946 (14 minutes d'avance !), le double doublé Giro* et Tour* 1949 et 1952, le Paris-Roubaix* 1950, le Championnat du monde 1953 à Lugano, où il distance le deuxième de 6 mn 15 s. Mais il y eut aussi cette rivalité farouche avec *il vecchio*, Gino Bartali, qui coupa l'Italie en deux, et suscita d'admirables pages de Buzzatti ou Malaparte. Après le Tour de Lombardie 1956 que Darrigade lui souffle dans les cinq derniers mètres, et l'ultime succès en compagnie de Baldini lors du Trophée Baracchi 1957, la fin de parcours sera infiniment douloureuse. Sa disparition prématurée, scellant sa vie en destin, fera de lui une légende. JD

■ COURSE (VÉLO DE)

Dépouillement et recherche du meilleur rendement : ne peut-on considérer ces deux paramètres comme les données essentielles de la bicyclette de course, plus simplement appelée vélo* ? En ce cas, l'archétype en est le vélo de piste*, dans toute sa pureté de lignes que n'alourdissent ni les freins* – le pistard pour s'arrêter « retenant » son pignon fixe et appuyant de la main gantée sur le boyau de la roue avant – ni le dérailleur* – puisque, sauf cas rarissime, il n'y a pas ici de changement de vitesse. Le vélo de route, à son tour, apparaît comme une bête de race : avec son rayonnage scintillant et ses fins boyaux, son guidon incurvé au creux duquel se nicheront les mains bien serrées du coureur en plein effort, sa silhouette arachnéenne, il est tout prêt à filer par monts et par vaux.

Ce vélo est bien la Formule 1 de la bicyclette. Si la lutte contre le poids inutile fut de tout temps l'obsession des coursiers comme des constructeurs, l'état des routes et les matériaux utilisés furent les conditions et les données d'une évolution menant à

Vélo de course utilisé par Miguel Indurain lors du Tour de l'Oise, 1994.

des systèmes de dérailleurs de plus en plus efficaces, et à des cadres* plus ramassés, avec fourche avant moins incurvée – ce qui facilite la maniabilité et l'abri des coureurs « dans la roue » de leurs adversaires. Chaque époque se persuada d'une perfection atteinte, mais les recherches relancées, notamment en matière de design*, ont toujours permis d'aller plus loin. Il en fut ainsi avec les essais à la soufflerie de Saint-Cyr-l'École conduisant Cyrille Guimard au vélo Gitane Profil utilisé par Bernard Hinault durant quelques kilomètres du Tour* de France 1979 : tubes profilés, gaines de câbles incorporées et devenues invisibles, amorce de jantes plus profondes. Quand Francesco Moser pulvérisa en 1984 le record* de l'heure de Merckx*, son vélo à roues* pleines lenticulaires, cadre plongeant, guidon étroit en « cornes de vache » est encore d'une génération nouvelle. Puis viendront le guidon de triathlète*, les roues à bâtons, les cadres monoblocs, les pédales* à déclenchement automatique. L'aérodynamisme des positions destinées à permettre une meilleure pénétration dans l'air, les développements extrêmes permis par les nouvelles roues libres, tout annonce les « vélos » futuristes* de demain et après-demain. JD

COVENTRY

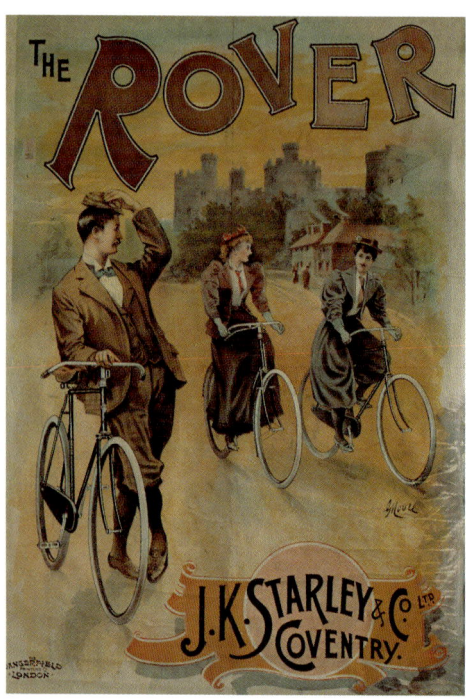

Affiche publicitaire pour *The Rover de J. K. Starley and Co.* Saint-Étienne, musée d'Art et d'Industrie.

Vélos-taxis au bois de Boulogne pendant la guerre 1939-1945.

◼ Coventry

Après plusieurs décennies pendant lesquelles la fabrication de draisiennes* relève de l'artisanat, les années 1860 vont marquer un tournant.

D'abord pionnière, la France, victime de l'invasion prussienne, fut supplantée par l'Angleterre. C'est à Coventry que l'industrie* du cycle va trouver les conditions idéales de son développement, à l'initiative de deux entrepreneurs audacieux nommés Rowler Turner et James Starley. En 1855, Starley rentre à la direction d'une fabrique de machines à coudre, la Coventry Sewing Machine Company, dont l'un des membres, Turner, va découvrir le vélocipède de Michaux* lors d'un voyage à Paris.

En 1869, Starley prenant seul la direction de la fabrique, décide bientôt d'en élargir les activités en créant la Coventry Machinist's Company. Dès l'année suivante, il met au point le modèle Ariel, premier « grand bi* » anglais, tout en fer, qu'il commercialise à grande échelle. Dépositaire de nombreux brevets, notamment sur la roue*, Starley va créer une véritable dynamique industrielle dans cette ville du Warwickshire. Rapidement, celle-ci s'impose comme capitale mondiale du cycle avec plus d'une centaine d'entreprises, fournissant du travail* à près de 4 000 ouvriers à l'aube du siècle. En 1885, sera commercialisé le modèle Rover, l'ancêtre de notre bicyclette*. Dès le début du siècle pourtant, Coventry subira la concurrence de Birmingham, qui privilégiera le système de production automatisée, et de Nottingham, où seront fabriqués les Raleigh. CD

■ CRISE : LA SOLUTION CYCLIQUE

L'urbanisation et la motorisation galopantes avaient semblé condamner l'honorable deux-roues. L'une des conséquences apparemment inattendue des événements de mai 1968 aura été d'amorcer le retournement d'une désaffection tenue jusqu'alors comme inéluctable. Les chocs pétroliers de 1973 et 1979, une grande grève comme celle de novembre-décembre 1995, ont depuis lors confirmé qu'en période de crise la disponibilité et la commodité de la bicyclette*, voire du mini-vélo*, la modicité des dépenses qu'induit sa pratique, constituent de tels atouts qu'ils semblent promettre cette invention de génie sinon à une jeunesse éternelle, en tout cas à de fréquents retours. Aux temps douloureux de l'Occupation, les vélos ressortirent des caves et des greniers, permettant les déplacements libres, et la quête plus ou moins lointaine de ravitaillements hasardeux, tandis que les vélos-taxis concurrençaient les véhicules à gazogène mis en route pour pallier la pénurie d'essence.

Au-delà même de la notion de crise, la guerre du Vietnam fut en grande partie gagnée, contre l'énorme logistique des Américains, par l'utilisation systématique de cycles surchargés de munitions et approvisionnements, poussés à la main sous le couvert d'une végétation impénétrable. Les pays pauvres et surpeuplés, à commencer par le continent Indien et la Chine*, ont fait de centaines de millions de bicyclettes leur moyen de transport de base. Quant aux capitales, elles cherchent désormais une réponse cycliste aux problèmes de circulation des citadins*. En 1974, Yves Bouverie et Jean-Pierre Dupuy rendirent publique une enquête qui montrait que sur un an, à kilométrage égal, la vitesse* du déplacement cycliste en ville était égale ou supérieure à celle du déplacement en 2 CV, elle-même plus élevée que celle du déplacement en DS... JD

CYCLOTOURISME
« Ceux qui pédalent pour aller ailleurs. » (Dr Marre)

L'émergence de la vélocipédie touristique coïncide avec un attrait nouveau pour le voyage, suscité à l'époque du Second Empire par les séjours dans les stations balnéaires. Ce goût du dépaysement correspond alors à une demande récente des milieux aisés. Devant l'essor de l'industrialisation*, les citadins* fortunés désirent s'évader dès qu'ils en ont le loisir. Autour de ce nouvel usage* de la bicyclette, se met en place un authentique art de vivre, une philosophie fondée sur les vertus d'humilité, de probité et d'optimisme. Le cyclotouriste, écologiste* avant l'heure, ne veut pas être perçu comme un dévoreur de distances, mais davantage comme un voyageur à vélo* qui se penche sur l'histoire des régions parcourues, et se soucie de l'environnement. Ces motivations plus touristiques que sportives permirent à la bicyclette de conquérir de nouveaux publics.

C'est Paul de Vivie, dit Vélocio, figure emblématique du cyclisme stéphanois, qui, à la fin des années 1880, lance l'idée des randonnées cyclotouristes à travers la France. En 1890, est fondé le Touring Club de France sur le modèle du Bicycle Touring Club anglais, créé en 1878. L'Allemagne, la Hollande*, l'Autriche-Hongrie, le Danemark, la Belgique vont rapidement emboîter le pas.

À la veille de 1914, le Touring Club de France, fort de 140 000 membres, fédère tout un ensemble de clubs*, avec des règles et des préoccupations communes. Être adhérent apporte un confort supplémentaire au cyclotouriste, qui peut compter sur l'assistance des représentants locaux lors de ses excursions, et reçoit maints renseignements de tous ordres, sur le matériel, l'alimentation ou l'infrastructure hôtelière. Selon une expression du Dr Marre, il y a « ceux qui pédalent pour pédaler, ceux qui pédalent pour aller quelque part et ceux qui pédalent pour aller ailleurs ». Le cyclotouriste appartient indubitablement à cette dernière catégorie. CD

DÉRAILLEUR

Sables-d'Olonne, 1937.

■ Démocratisation

Par leur prix, les vélocipèdes puis les bicyclettes* furent d'abord l'apanage de l'élite*, à savoir de ceux qui disposaient aussi bien de moyens financiers que de loisirs leur permettant de se consacrer à cette distraction originale. Entre 1891 et 1895, l'ouvrier professionnel devait encore travailler 625 heures pour acquérir une telle machine (selon le tableau dressé par Jean Fourastié dans *Le Grand Espoir du XXᵉ siècle*, 1963). Mais l'augmentation massive de la production* allait rapidement modifier les données. À la fin du XIXᵉ siècle, les États-Unis et l'Angleterre jettent dans la bataille toutes les ressources de l'industrialisation*, du travail à la chaîne et de la fabrication en série. L'Europe et la France emboîtent nécessairement le pas. Entre 1906 et 1910, le nombre d'heures de travail nécessaires à l'achat d'une bicyclette a déjà diminué de moitié. Dans les années 1930, la mise de côté du fruit d'une soixantaine d'heures suffira. Le vélo* est alors devenu l'indispensable outil de travail* de l'ouvrier, l'employé, l'agriculteur, avant d'être aussi le compagnon des défilés et des congés payés, au temps du Front populaire. Il le restera jusqu'à la fin de la seconde guerre mondiale, avant de devenir, bien plus tard, selon l'intelligente formulation du sociologue Philippe Gaboriau « vitesse des pauvres et lenteur des riches ». Qu'en sera-t-il demain ? JD

■ Dérailleur

Permettant enfin d'adapter instantanément le rythme de pédalage au relief de la route sans qu'il soit nécessaire de descendre de machine, le dérailleur allait révolutionner la pratique du cyclisme. Dès l'Exposition internationale de vélocipèdes, organisée du 30 octobre au

DÉRAILLEUR

Dérailleur d'un vélo de course.

Vélo *Lotus*, 1992.

qui soit raisonnable en temps normal, important s'il y a vent dans le dos ou profil favorable, très réduit afin d'affronter les pentes les plus rudes.

Curieusement, alors que la course dite de la Polymultipliée se tient à Chanteloup depuis 1913, et que de modestes coureurs ont déjà expérimenté divers systèmes, Henri Desgrange n'autorisera officiellement l'emploi du dérailleur sur le Tour* de France qu'à partir de 1937.

La méfiance longtemps manifestée par les champions nous surprend aujourd'hui. Du brevet de dérailleur à baguette déposé par Tullio Campagnolo le 4 mai 1933 aux recherches de Lucien Juy pour le Simplex, que de progrès. Double plateau à l'avant, cinq vitesses à l'arrière parurent longtemps le fin du fin. Actuellement, le triple plateau, les systèmes à parallélogramme déformable, les jeux arrière allant jusqu'à neuf pignons, l'indexation aux leviers de frein* offrent une gamme pléthorique, qu'il s'agisse de développer près de 10 mètres à chaque coup de pédale* ou de « grimper au mur ». JD

5 novembre 1869 au Pré-Catelan, ancêtre des futurs salons* du cycle, certains vélocipèdes comportent déjà des systèmes imaginés pour des changements à deux, voire à quatre vitesses, sur le principe de la roue* qui tournerait plus vite que l'on ne pédale. Paul de Vivie, désireux que la bicyclette soit le plus commode possible pour les cyclotouristes*, s'intéressera à toutes les expériences faites en ce domaine, et se battra pour que la « polymultiplication » ou changement de vitesse offre l'avantage évident d'un braquet

DESIGN
Rêve de vélo et vélo de rêve

Lors des Jeux Olympiques de 1992, à Barcelone, quand Boardman rejoint Lehmann avant le terme des 4 kilomètres de la finale de poursuite individuelle, certains observateurs vont jusqu'à se demander si cette victoire tient plus au coureur ou à sa machine ? Il s'agit en effet d'un vélo de course* novateur, répondant à toutes les exigences du design et de la logique industrielle la plus poussée. Conçu par l'ingénieur Mike Burrows pour le département de la recherche du constructeur de Formule 1 Lotus, ce « monobloc » dont le bras unique en carbone à haute densité et titane tient lieu de fourche, est équipé de roues* françaises Mavic, à trois bâtons à l'avant, paraculaire à l'arrière, et d'un guidon aux poignées en forme de goutte d'eau qu'épousent les avant-bras tendus. La suite dira que Boardman n'était nullement une étoile filante, un champion-météore (voir Record). Il n'empêche que les designers viennent de marquer un nouveau point dans leur effort futuriste* vers des performances toujours plus élevées.

L'évolution du design, toutefois, toucha aussi des vélos destinés à tous les publics. Dans l'espoir de reconquérir une clientèle, après la première guerre mondiale, les industriels américains s'étaient lancés dans l'élaboration de modèles « aérodynamiques » inspirés aussi bien de la moto que de l'avion ; c'était aux dépens du poids, et cette voie apparut sans issue. Or, dans les années 1970, la Californie, terrain privilégié de l'écologie* militante, allait à son tour réinventer le vélo : ce seront les BMX ou bicross qui s'inspirent justement des motos de cross aux très gros pneus, puis les *mountain-bikes* ou VTT*. Leurs looks respectifs tiendront d'abord d'un bricolage composite de pièces, revenant parfois au cadre* en croix des années antérieures à 1890, pour mener à une mode nouvelle et rejoindre les techniques de design les plus modernes. Ainsi, dame Bicyclette se donne-t-elle toujours de nouveaux atouts et atours pour séduire ses adeptes. JD

■ DRAISIENNE

Draisienne, v. 1891 (copie d'un modèle de 1817-1818). Saint-Étienne, musée d'Art et d'Industrie.

Le 12 juillet 1817, ainsi que le confirmera le *Karlsruhe Zeitung* du 1er août, un homme assis à califourchon sur une poutre reliant deux roues, soulevant ses jambes chaque fois que ses grands pas au sol ont donné quelque élan à sa machine, parcourt en une heure les 14,400 km séparant Mannheim du relais de poste de Schwetzingen. Celui qui effectue ainsi sur la *Laufmaschine* (machine à courir) de son invention l'acte fondateur des cycles se nomme Karl Drais, baron de Sauerbronn (1795-1851). En janvier 1818, il obtient une patente sur dix ans pour cet engin « à timon conducteur », dont il imagine déjà des modèles de divers types, certains avec un dispositif pour hausser la selle*, d'autres avec deux sièges l'un derrière l'autre – ce seraient les premiers tandems*. Souhaitant réussir la commercialisation de son étonnante trouvaille, il songe aussitôt à la France ; si l'essai, qui se déroule le 5 avril 1818 dans les jardins du Luxembourg, et consistait à couvrir environ 600 mètres en trois minutes, n'est pas concluant, car le fait que le public suit aisément au pas engendre des commentaires narquois, un nouveau bre-

vet sera dûment délivré à Drais le 17 juillet pour cette machine appelée « vélocipède » – le mot y figure en toutes lettres, puisque l'engin a pour but « de faire marcher une personne avec une grande vitesse* » de manière peu fatigante parce qu'elle supporte le poids du corps. L'engin est disponible chez un seul dépositaire, M. Garcin, 3, rue de la Glacière.

En Angleterre, où le brevet de Drais est déposé le 22 décembre 1818, comme il le sera aux États-Unis le 26 juin 1819, la draisienne connaît un franc succès sous le nom de *hobby-horse* ou *dandy-horse* – elle est la folie du jour. L'acier remplaçant le bois, elle passe d'une vingtaine à une trentaine de kilogrammes. Mais son succès fut éphémère, et le vélocipède ne retrouva les faveurs du public que le jour où des inventeurs comme Michaux* le dotèrent de pédales*. Si l'on peut considérer qu'à travers l'Europe, au moins plusieurs centaines de modèles auront été produits, Drais n'y trouva certainement pas la fortune. On le signale en 1825 au Brésil, en 1832 en Angleterre où il échoue à donner à son invention un second essor. La fin de sa vie sera triste, pour ne pas dire misérable. JD

ÉCOLOGIE

■ ÉCOLOGIE : LE VÉLO PLUTÔT QUE L'AUTO

Près d'un siècle après la naissance de l'écologie avec Haeckel, en 1866, l'homme prend conscience que l'industrialisation*, liée à un accroissement démographique sans précédent, menace son environnement naturel. Dans cette société postindustrielle, avec des cadences de vie sans cesse accélérées, il aspire à un rythme plus approprié (davantage de lenteur), qui s'accompagne d'un retour à la nature (besoin de calme, d'air sain), il souhaite une meilleure maîtrise de son temps. La bicyclette, symbolisera dans les années 1970 cette « vitesse* écologique ». Bénéficiant d'une conjoncture sociologique favorable, confortée par la crise* pétrolière, elle trouvera dès lors un nouveau public. La bicyclette répond parfaitement aux aspirations du mouvement écologique. Cette machine se présente d'abord comme un moyen de locomotion économique, ne nécessitant que la seule énergie humaine pour fonctionner. Mais surtout, elle apparaît silencieuse et non-polluante. Plusieurs pays d'Europe du Nord, tels la Hollande* ou l'Allemagne, seront sensibles à ces arguments. Aujourd'hui, qu'il s'agisse du mode de transport des citadins* ou de la pratique sportive, la bicyclette reste liée à l'écologie. Le succès du VTT*, pratiqué en dehors de tout club*, s'accompagne d'une plus grande individualisation du contact avec la nature. CD

■ Élite

Vélocer, comme il était coutume de dire dans les années 1870, relève à l'origine d'une pratique mondaine. Les pratiquants de cette activité nouvelle se recrutent dans l'aristocratie parisienne et la grande bourgeoisie. Des dandys parisiens aux notables de province, tous s'ouvrent, par simple curiosité ou par souci d'être à la mode, à ce loisir réservé à l'élite sociale. Les membres des premiers cercles se retrouvent dans des réunions sportives qui apparaissent d'abord comme des rencontres de la mondanité où l'on tente de s'approprier les valeurs de l'anglomanie. Des cours de vélocipédie se créent au Palais-Sport de la rue Berri, à l'Omnium de la rue Spontini, au Manège Central de la rue Buffault ou encore au Véloce Club près de la Bourse. Mais le plus chic est d'aller apprendre* en musique, chez Terront, rue Boissy-d'Anglas, sur une piste* en bois avec virage relevé. L'été, les vélocipédistes vont flâner à

ENFANT

Saint-Cloud, à Saint-Germain, à Chantilly, au Pré-Catelan, et surtout au Chalet-du-Lac du bois de Boulogne dont le propriétaire, Marais, était fier d'avoir su provoquer le réveil matinal de la gentry parisienne. Les membres des clubs* étaient astreints à certaines conventions, dont la tenue vestimentaire* n'était pas la moindre. Pour la femme*, jupe longue, gilet, foulard, bottines et gants étaient le plus souvent recommandés dans un souci de confort, d'élégance, mais surtout de bonne moralité. Ces pratiques mondaines durèrent jusqu'au moment où l'automobile devint à la mode, alors même que la bicyclette commençait à se démocratiser*. CD

Endurance.
Voir Extrême

Enfant
D'abord tenus d'une main attendrie, ils effectuent leurs premiers tours de roue* avec la même hésitation que naguère leurs premiers pas. Mais bientôt leurs petites jambes seront capables de répondre à leur intense besoin d'activité et de mouvement. Une fois enlevés les stabilisateurs – à l'efficacité parfois discutable –, ils se montreront bien vite capables d'évoluer avec un peu trop de hardiesse, car leurs mains ne sont pas encore très adroites à manier des freins* qui se révèlent d'ailleurs souvent insuffisants. Si à dix-huit mois... Louison

Jean Béraud, *Le Rendez-vous des cyclistes au bois de Boulogne* (détail), v. 1900. Paris, musée Carnavalet.

ÉQUILIBRE

Pages précédentes : Conversation sur le Tour de France, 1936. Photographie de Robert Capa.

Jules Alexandre Grün, *Heureusement que je suis assuré !!!*, v. 1900. Affiche publicitaire, 91 × 66. Paris, bibliothèque Forney.

Bobet était à même de diriger son vélo du haut d'une très légère déclivité sans tomber, un enfant d'environ cinq ans peut couvrir sans fatigue excessive un parcours d'une vingtaine de kilomètres, la compagnie et le contrôle constants des parents ou d'adultes s'avérant alors d'une évidente nécessité. Dans quelques années, et plus rapidement qu'on ne le pense, le jour viendra de l'autonomie, du départ, plus ou moins autorisé, avec les copains, de la découverte du monde. Pour beaucoup, la première « vraie » bicyclette, rouge, jaune ou bleue, laissera le souvenir d'un émerveillement et d'un moment de pur bonheur. JD

■ Équilibre

Il s'élança « au hasard [...] dans ce vide spécial qu'est un équilibre inconnu ». De fait, cette heureuse formule de Baudry de Saunier se justifie absolument pour Ernest Michaux* qui, appliquant la trouvaille de son père Pierre, fut le premier véritable « cavalier » vélocipédiste. Même si l'on oublie les difficultés des utilisateurs de « grands bi* », elle est restée valable pour tout cycliste, débutant ou confirmé, puisqu'avancer à bicyclette, c'est proprement se maintenir en équilibre » sur deux roues. D'où l'appréhension de celui qui effectue son apprentissage* et redoute la chute, douloureuse et surtout humiliante.

À l'autre extrémité de la gamme des sensations viennent les virtuoses, qu'il s'agisse des descendeurs de grands cols sous la pluie, véritables fil-de-féristes, ou de ces spécialistes d'un équilibre pratiquement immobile que pouvaient être les sprinters sur piste*, lorsque les règlements ne limitaient pas le temps de la séance de « sur-place » – dont l'objectif était d'obliger l'adversaire à prendre la tête, d'où un désavantage aérodynamique et psychologique évident. À ne pas confondre avec le désagrément de rester « en équilibre », ce qui dans le langage* des pelotons signifierait que vous êtes demeuré « collé » au bitume « en travers » d'une montée un peu trop raide à votre goût. JD

■ Extrême

À une époque où le saut à l'élastique du haut d'un viaduc vertigineux est devenu simple recherche de sensations fortes, la notion de sport « extrême » peut-elle s'appliquer à la modeste bicyclette ? Ce fut bien le cas avec ces épreuves de grand fond qui poussaient les hommes au-delà de leurs limites, telles ces courses de Six* Jours individuelles aux États-Unis, qui tournaient à la barbarie, ou plus

José Meiffret, recordman de vitesse derrière une voiture, le 19 juillet 1962. Saint-Étienne, musée d'Art et d'Industrie.

tard, ce Bol d'Or, soit 24 heures derrière entraîneurs, dont se fit le spécialiste, entre 1903 et 1919, Léon Georget, dit le Brutal car il se soutenait au « gros rouge ».

Dans un autre registre, loin des vélodromes* enfumés, Thomas Stevens partit de San Francisco en avril 1884 pour un tour du monde sur « grand bi* » que l'on considéra comme achevé en décembre 1886... à Yoyohama. Françoise et Claude Hervé ne sont certes pas en reste, eux qui entre le 1er avril 1980 et le 6 avril 1994 parcoururent 150 000 kilomètres à travers soixante-six pays sur les cinq continents, se mariant en chemin, et concevant Marion, laquelle naquit en Nouvelle-Zélande en 1988, et fut installée dans une remorque.

Pour sa part, au prix des risques que l'on imagine, le 19 juillet 1962, José Meiffret devint le cycliste le plus rapide à s'être mis en selle* : dans le sillage d'une voiture, il fut chronométré sur un kilomètre d'autoroute non encore officiellement ouverte à 204,778 km/h. Récemment, cette allure-record* s'est trouvée dépassée par les « descendeurs fous » en VTT* sur le kilomètre lancé de la station de montagne des Arcs. Mais l'extrême cycliste n'est-il pas l'apanage de cet Américain de 26 ans, pédalant au-dessus de la Manche de Folkestone au cap Gris-Nez en 2 h 50 le 12 juin 1979 dans la carène de son *Albatross* ailé, de 24,5 kg et de près de 30 mètres d'envergure, Bryan Allen devenu un homme volant ? JD

Fédération

L'Union fait la force. Partant de ce principe, huit ans après l'Union des sociétés de gymnastique de France (1873), le premier groupement national du genre, les délégués de douze clubs* fondèrent l'Union vélocipédique de France, avec Paul Devillers comme président, décidèrent d'un Championnat de France officiel sur 10 kilomètres, et définirent la catégorie des « professionnels ». Ils avaient été devancés par la seule Bicycle Union (1878) de Grande-Bretagne, qui deviendrait la Natio-

FEMME

nal Cyclist's Union, alors que la League of American Wheelmen (1880) allait disparaître face à la National Cycling Association (1898). Le Danemark, le Canada, la Belgique, la Tchécoslovaquie, la Suisse, l'Allemagne et l'Italie, bien avant la fin des années 1880, avaient emboîté le pas. Quant à l'UVF, elle affirmera son importance, malgré diverses tentatives concurrentes, et deviendra sous l'Occupation la Fédération française de cyclisme, titre définitivement légal à partir du 15 décembre 1945.

Sur le plan mondial, l'International Cyclist's Union, créée en 1893 sous l'impulsion d'Henry Sturmey, s'effaça par la force des choses en avril 1900, lorsque la France, les États-Unis, la Suisse, l'Italie et la Belgique fondèrent à Paris l'Union cycliste internationale (UCI) présidée par Émile de Beukelaer. En août 1965, devant la puissance croissante des pays de l'Est, on risqua l'éclatement, et l'UCI dut se contenter de « coiffer » la Fédération internationale du cyclisme Professionnel (FICP) et la Fédération des amateurs cyclistes (FIAC). L'unité allait se refaire en août 1993 au congrès d'Oslo, le Hollandais Hein Verbruggen tenant fermement les rênes de l'UCI, restée seule maîtresse du terrain ; en 1995, celle-ci supprima la distinction caduque entre « pros » et « amateurs ». JD

Logo de la Fédération française de cyclisme.

Catherine Marsal battant le record du monde de l'heure féminin à 47,112 km/h. Bordeaux, 29 avril 1995.

■ FEMME
Scandales et émancipation

Qu'il ait fallu attendre 1958 pour que soient mis en place des Championnats du monde féminins – alors que des titres pour les « amateurs » de sexe masculin étaient décernés depuis 1893 pour la piste* et 1921 pour la route – est éloquent. Dès 1868, à Bordeaux, une « course de dames » fait sensation ; elles sont quatre, sous pseudonyme, tout comme Miss Turner qui participera en tant que Miss America au Paris-Rouen 1869, arrivant 29e sur 33 classés ! Si en Grande-Bretagne, le tricycle* avait permis aux ladies de préserver une certaine respectabilité, les années 1890, avec la diffusion de la bicyclette*, voient se développer des polémiques violentes sur la tenue vestimentaire*. Au-delà de ce débat apparemment frivole, une Sarah Bernhardt, interrogée par C. de Loris (*La Femme à bicyclette*, 1896) perçoit bien que les sorties hors du foyer familial avec des compagnons du sexe* dit fort portent en germe une évolution profonde des mentalités.

Sans doute les compétitions* féminines mettront-elles de longues décennies à s'imposer : portant en elles un piment de scandale, puis un simple succès de curiosité, elles sont maintenant reconnues. Longtemps après Hélène Dutrieux et Marie Marvingt, futures aviatrices, mademoiselle Robin sous son petit béret des années 1920, Liliane Bonneau, Jeannine Lemaire, Renée Vissac – toutes trois inscrites sur les tablettes du record* de l'heure – ou Lily Herse, excellente en côte, des Françaises sont devenues championnes du monde sur route : Geneviève Gambillon, Josyane Bost, Catherine Marsal. Les récents Jeux Olympiques d'été d'Atlanta (1996) ont vu un véritable trust des tricolores : la nouvelle reine du sprint Félicia Ballanger, Nathalie Even-Lancien (course aux points), et Jeannie Longo-Ciprelli, qui couronna d'une médaille d'or sur route son incomparable carrière. JD

FREIN

◼ Frein

Avez-vous déjà roulé sur un vélocipède de type Michaux* ? C'est assez peu probable. Vous auriez pu alors vous rendre compte par vous-même de l'(in)efficacité du système de freinage : en tournant les poignées du guidon, on tendait un câble d'acier filant sous la lame de ressort supportant la selle*

Système de frein d'un VTT.

jusqu'à actionner un sabot venant frotter sur le bandage métallique de la roue arrière, tout comme c'était le cas pour les roues des charrettes à chevaux ; en cas de forte déclivité, le résultat se faisait tout relatif, et le risque de ne pouvoir s'arrêter devenait vite évident.

Sur les bicyclettes à pneumatiques* dotées d'une roue arrière à pignon fixe, on stoppera d'abord en bloquant progressivement le mouvement avec les jambes, et à l'aide d'une très longue poignée, généralement située à main droite sous le dirigeoir (guidon), actionnant un patin surmontant la roue avant. Lorsque s'impose la roue* libre, plusieurs années après le brevet déposé par Pierre Carmien en 1897, des freins sur chacune des roues deviennent nécessaires, puisque l'arrêt du pédalage n'entraîne plus le ralentissement de la machine.

Pour les vélos de course*, on n'utilisera pas les freins à rétropédalage dans le moyeu arrière ni les freins à tambour de certains modèles de tourisme, mais le freinage des patins sur les jantes, avec des étriers à tirage central ou à tirage latéral. Les vitesses* prises par les coureurs dans les descentes de col, les dégringolades des vététistes* justifient plus que jamais des recherches incessantes sur les matériaux utilisables. Le freinage dans ces cas-là devient un art : petits coups de frein répétés à l'avant, puis seulement blocage de l'arrière. Par temps de pluie, freiner réservera toujours des surprises. JD

◼ FUTUR (VÉLO DU)
L'imagination en roue libre

En 1992, Gilbert Duclos-Lassalle remporte Paris-Roubaix* équipé d'une fourche-amortisseur, mécanisme hydraulique réglable au moyen de deux mollettes placées des deux côtés de la tête de fourche ; cinq ans après, les successeurs du Béarnais ont en majorité rejeté cet « effaceur de pavés », jugé trop lourd et peu pratique. Dans la course vers la perfection, chaque détail peut être remis en cause : manivelles courbes, plateaux de pédalier ovales, on a tout essayé. Vient parfois le jour où la conception d'ensemble bascule. Quand Marcel Berthet, peu avant la guerre de 1914, s'installait « dans » le *Vélo torpille* à carénage arrière de Bunau-Varilla, tandis que Francis Faure dans les années 1930 démontrait les possibilités sur le plat d'un pédalage en position horizontale, tête à l'arrière et pieds devant, ils prolongeaient les recherches d'Édouard Nieuport dit la Sole, modeste sprinter et futur constructeur d'aéroplanes, qui avait essayé de pédaler couché, mais, lui, tête en avant. À la poursuite d'un rêve, l'homme ne s'arrête pas. De la bicyclette intégrale en matière

GIRO

■ Giro (Le)

Deux journalistes*, Cougnet (*Gazzetta dello sport*) et Rossini (*Corriere della serra*) lancent en 1909, six ans après le Tour* de France, le Giro d'Italia sur les routes de poussière blanche de la péninsule : 2 450 kilomètres, 8 étapes ; Ganna l'emporte devant Galetti, vainqueur les années suivantes. Si Girardengo (1919, 1923) et Belloni (1920) prennent place au palmarès, si Binda règne (1925,1927 à 1929, 1933) au point de recevoir en 1930 une prime égale à celle prévue pour le vainqueur à condition... de ne pas prendre le départ, d'autres n'accéderont pas à la vraie renommée internationale, tels Brunero (1921-1922, 1926) ou Valetti (1938-1939). Le Giro restera en effet longtemps une épreuve où les *gregarii* (domestiques) font tout pour le service exclusif des *campionissimi*, au fil d'étapes processionnaires ne s'animant qu'en fin de parcours. Évidemment Bartali (1936-1937, 1946) et Coppi* (1940, 1947, 1949, 1952-1953) y vivront leur légendaire rivalité, Magni (1948, 1951, 1955) tirant tout de même son épingle du jeu.

Ivan Gotti, vainqueur du Giro, 1997.

C'est une surprise lorsque l'élégant poursuiteur suisse Koblet devient le premier étranger conservant jusqu'au bout le maillot* rose. Il ouvre ainsi la voie à Gaul (1956, 1959), Anquetil (1960, 1964), Merckx* (1968, 1970, 1972-1974), Hinault (1980, 1982), Roche (1987), Fignon (1989) ou Indurain (1992, 1993). L'inventif Vincenzo Torriani, longtemps directeur de la course, fit pourtant le maximum pour favoriser les autochtones, Gimondi (1967, 1969, 1976), Saronni (1979, 1983), Moser (1984), dans ce qui a pris rang derrière le Tour comme la deuxième grande épreuve par étapes. JD

Vélo de course à double pédalage inventé par Raymond Cloarec, 1994. Saint-Étienne, musée d'Art et d'Industrie.

plastique à l'absence totale de rayons, fourches et moyeux, que de projets et prototypes virent le jour, sans postérité le plus souvent. Les crises* pétrolières ont aiguillonné les imaginations vers des « cycles » au meilleur rendement possible, tel *Cheetah*, créé en 1992 par des élèves ingénieurs de Berkeley : « son carénage, composé de fibres de carbone, précise Dodge dans *La Grande Histoire du vélo* (1996), est assemblé à l'aide d'agents adhésifs empruntés à l'industrie aérospatiale ». Utilisés dans les épreuves contre la montre*, les vélos actuels ne sont pas forcément les plus plaisants au premier coup d'œil. Déjà, sur des tables à dessin, d'autres épures de lignes, asymptotes à des fantômes de roues, préparent la bicyclette de l'avenir. Le pédaleur de chair et d'os restera-t-il maître du jeu ? JD

■ GRAND BI

À compter du moment où la draisienne* fut dotée de pédales*, en 1861, les améliorations techniques se succédèrent. On chercha à rendre le vélocipède plus efficace, plus rapide surtout. Comme les pédales étaient fixées de part et d'autre du moyeu de la roue avant, il fallait augmenter le diamètre de cette roue* motrice pour accroître la distance minime parcourue à chaque impulsion. C'est ce à quoi s'attachèrent les Anglais, dès la fin de 1870, avec le modèle Ariel, produit à Coventry*. Ainsi naquit le grand bicycle – que les Britanniques nommèrent familièrement *penny-farthing*, expression qui évoque la différence entre deux de leurs pièces de monnaie.

Durant près de vingt ans, malgré son côté acrobatique*, le « grand bi » régnera presque sans partage. Le diamètre de la roue avant ne cessera d'augmenter, tandis que celui de la roue arrière diminuait, son rôle se limitant à permettre l'équilibre de l'ensemble : de 1,20 m, il passera à 1,40 m (soit 4,40 m par pédalée), voire à 1,50 m. Vers 1875, le Français Jules Truffault allégea très sensiblement jantes et fourches en les fabriquant creuses à partir d'un stock déclassé de fourreaux de sabre, et construisit un bicycle à 304 rayons, les rais métalliques en tension ayant remplacé les lourds rayons en bois des draisiennes. En 1881, le « bi » atteint presque la perfection, et pèse 10 à 11 kilogrammes à peine pour les modèles de course*, 15 à 16 pour les modèles de route. Cependant, l'hypertrophie de la roue avant conduit à des absurdités : le diamètre de celle du Renard, proche des trois mètres, nécessite tout un système de

Grand bi, 1877.
Saint-Étienne,
musée d'Art
et d'Industrie.

tiges pour faire bouger les pédales, et jusqu'à six échelons le long du cadre* afin de grimper en selle*. La roue arrière est devenue presque symbolique ; renverser les données, comme aux États-Unis avec le Star dont la grande roue motrice se trouve à l'arrière, ne fait que substituer au risque évident de chutes sur le ventre celui de chutes sur le dos.

La sécurité des premières bicyclettes*, qui s'imposent à partir de 1885-1886, signera l'arrêt de mort de ces engins spectaculaires. Déjà, dans *Les Champions français* (1891), Gendry de Moncontour regrette « [...] ces belles courses d'antan où tout le groupe, haut monté, semblait passer dans l'air sur un nuage, aux regards émerveillés des populations ». JD

Toer Popular,
vélo pour femme.
Gazelle,
modèle 1996.
Paris, cycles
Bicloune.

■ HOLLANDAIS (VÉLO)

Symbole de l'élégance sur deux roues, le vélo hollandais est le compagnon idéal des déplacements citadins*. Il aurait été importé à la fin du siècle dernier d'Indonésie, l'une des anciennes colonies néerlandaises. Ce modèle, avec fourche avant très recourbée, carter intégral protégeant la chaîne*, freins* à tambour et changement de vitesse caché dans le moyeu, se caractérise par sa solidité et son côté pratique. La selle* et le cadre* sont conçus en vue du confort du cycliste qui pédale, très digne, le dos bien droit. Les larges garde-boue et le poids de la machine, assez lourde, permettent de tenir tête aux bourrasques et autres intempéries. En Hollande, la bicyclette est d'abord utilisée comme moyen de locomotion, d'où les qualités de robustesse que l'usager exige de sa monture.

Le pays dispose de la plus forte densité de bicyclettes* par habitant au monde. Aux Pays-Bas, ne pas posséder de vélo relève presque de l'anomalie. Pratiquement toute la population semble « marcher sur deux

roues », avec 14 millions de bicyclettes en circulation pour 15 millions d'habitants. Après la deuxième guerre mondiale, l'industrie* et l'ensemble des entreprises ayant été reconstruites en périphérie afin de diminuer les nuisances, le tissu suburbain fut régulièrement réparti sur tout le territoire. À l'inverse de la France, la Hollande bénéficie d'une répartition démographique dense et relativement homogène, et les faibles distances entre les agglomérations favorisent les déplacements à bicyclette.

Depuis plusieurs décennies, tous les échelons de l'administration mènent une véritable réflexion sur l'emploi du vélo. Cet intérêt va de pair avec une préoccupation accrue pour l'écologie*. Conscients des nuisances provoquées par la pollution atmosphérique, mais également sonore, les pouvoirs publics semblent désireux de privilégier la bicyclette pour tous les trajets inférieurs à 10 kilomètres. À Amsterdam, 20 % des déplacements s'effectuent à vélo, contre 2 % seulement à Paris, et 15 % du réseau routier hollandais est réservé aux pistes cyclables. Le cycliste est d'ailleurs considéré comme un citoyen de la route auquel on apprend à respecter les règles de tout usager circulant sur la voie publique. CD

IMPÔT

Timbre fiscal, 1947.

■ Impôt

Durant la dernière décennie du XIXe siècle, le vélo acquiert une reconnaissance juridique dans l'espace public. L'État accepte enfin de lui donner une légitimité. Mais, considérant la bicyclette comme une machine d'agrément réservée à une élite* sociale, les pouvoirs publics décident d'assujettir à un impôt nouveau les possesseurs de cet objet de luxe. Une première loi, celle du 28 avril 1893, institue une taxe annuelle sur tous les véhicules à deux-roues. À partir du 1er mai 1899, les cyclistes furent astreints à la possession d'une plaque annuelle fixée à l'avant du guidon. Cet impôt, utilisé à bon escient, permit l'entretien du réseau routier national, et notamment des routes de campagne*.

La bicyclette, démocratisée*, n'est plus soumise, à partir de 1930, à l'impôt annuel auquel l'État va préférer une taxe prélevée à l'achat. Sous l'Occupation, faute de métal nécessaire à la fabrication des plaques, celles-ci furent remplacées par un laissez-passer dès 1942. L'année suivante vit apparaître un timbre fiscal, d'une couleur différente chaque année. L'impôt sur les vélos sera finalement supprimé le 1er janvier 1959. CD

■ Industrialisation

Il roule certainement de par le monde plus d'un demi-milliard de bicyclettes : c'est dire que le cycle est bien un produit de l'ère industrielle.

Entre le savoir-faire de quelques artisans passant de longues heures pour produire des modèles « sur mesure » – qu'il s'agisse de compétition* ou de cyclotourisme* – et la grande série, certains fabricants laissent encore une place non négligeable à l'intervention humaine. On est pourtant à des années-lumière du temps où Pierre Michaux*, avec quelque naïveté, se lança dans une aventure industrielle qui allait le mener à la faillite et à la ruine.

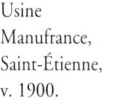

Usine Manufrance, Saint-Étienne, v. 1900.

JOURNALISME

Au point de départ, on trouve l'Europe, avec la France – en 1869 on a pu dénombrer 66 fabricants de vélocipèdes à Paris, 43 en province, et 20 fabricants d'accessoires – mais aussi l'Allemagne et l'Italie. La Grande-Bretagne, avec Coventry*, s'assure après 1870-1871 une prééminence indiscutée. Bientôt suivent les États-Unis, où Albert Augustus Pope* va véritablement lancer la grande production* américaine. Désormais, les bicyclettes sont produites à la chaîne, d'où une baisse des prix unitaires de vente, synonyme de démocratisation*.

Le mouvement est lancé. Assez vite pourtant, les Américains se détourneront du deux-roues propulsé par l'énergie humaine, au profit de l'automobile, qui bénéficiera d'ailleurs des techniques et méthodes expérimentées par l'industrie du cycle. Mais en France, la production a progressivement décliné depuis la seconde guerre mondiale. JD

■ JOURNALISME
Chroniques épiques autour du cycle

Que Richard Lesclide, l'âme du premier magazine* à succès, *Le Vélocipède illustré*, hebdomadaire dont les 137 numéros initiaux s'échelonnèrent du 1er avril 1869 au mois d'août 1870, ait été un proche de Victor Hugo portait sans doute présage. Les prouesses et bientôt le courage homérique des compétiteurs portèrent tout naturellement les journalistes spécialisés à hausser le ton, et tremper leur plume dans l'encre de l'épopée. D'une prose alerte, Pierre Giffard, rédacteur en chef du *Petit Journal* annonça puis raconta le Paris-Brest-Paris 1891 dont il avait été l'instigateur ; Pierre Laffitte, futur éditeur des aventures d'Arsène Lupin et patron de *La Vie au grand air* (1898), se fit le témoin du raid Saint-Pétersbourg-Paris de Charles Terront (1893). Mais c'est Henri Desgrange qui, une fois à la tête de *L'Auto*, allait fixer le genre, faisant des coureurs du Tour* de France autant de héros de feuilletons. Jacques Goddet prendra le relais. Par leurs articles, leurs prises de position et leurs initiatives, des hommes tels que le Flamand Karel Steyaert ou l'Italien Fabio Orlandini furent des acteurs et pas seulement des scribes. De grands noms de la littérature*, comme Antoine Blondin, ou Dino Buzzatti décrivant au jour le jour le Giro* 1949, n'hésitèrent pas à prendre place dans les colonnes spécialisées. Les modes de communication évoluant, le radio-reporter Georges Briquet, l'ancien coureur devenu télé-reporter, Robert Chapatte, eurent des millions d'auditeurs. Analyste lucide des mobiles intimes et courants souterrains du peloton, usant d'un style sobre et imagé à la fois, Pierre Chany, disparu le 18 juin 1996, a beaucoup manqué au départ de ce qui eut été son cinquantième Tour de France consécutif. JD

Misti-Mifliez, *Lisez tous les jours Le Vélo*, 1896. Affiche, 129 × 89. Paris, bibliothèque Forney.

LANGAGE

Couverture du magazine La Vie au grand air, *n° 812, 1914. Saint-Étienne, musée d'Art et d'Industrie.*

Alfred Jarry (1873-1907) sortant de son domicile à vélo.

■ Langage cycliste

Dans une nouvelle singulière d'*Amants et Voleurs* (1905) intitulée *Hardi, Poitevin !*, Tristan Bernard écartant toute description pour s'en tenir au seul dialogue haletant du coureur et de ses entraîneurs lancés en pleine nuit à la poursuite d'un rival irrattrapable, aura été le premier, probablement, à puiser dans le langage, juste et combien imagé, des « coursiers ». Cet argot précis, haut en couleurs, n'est pas même celui des journalistes* et des commentateurs.

D'une rare saveur, au point de passer quelquefois dans la langue commune, il a suscité notamment l'attention de Claude Sudres (*Dictionnaire du cyclisme*, 1984), et tout récemment de Jean-Philippe Bouchard (*Les Mots du sport*, 1996). On ne m'en voudra pas, je l'espère, de ne pouvoir résister à la tentation d'une auto ou plus exactement d'une vélo-citation, récit à peine imaginaire d'une course par son vainqueur, extrait de *La Véridique Histoire des géants de la route* (1973) : « Ce jour-là, je me sentais vraiment moelleux. Je moulinais, bien à l'abri dans les roulettes. Alors le grand Bernard s'approche et me dit " Écoute môme [...] tu m'as l'air saignant [...]. Reste dans les rondins. La bosse, c'est dans cinq bornes [...] Tu grimperas à ta pogne. Mais sur les barnums qui suivent, tu débouches pour de bon, tu fais le trou et elle est dans la valise ". [...] J'ai giclé comme une fusée [...] Il restait encore une dizaine de pitons. J'ai mis la grande soucoupe et je ne me suis pas retourné. J'ai affuré les doigts dans le nez et les mains dans les poches. » JD

« *Passèrent près de moi les bicyclettes, [...] discrètes, véloces, transparentes : elles m'ont semblé simples mouvements de l'air.* »

Pablo Neruda

■ LITTÉRATURE : HOMMAGE À LA PETITE REINE

Combien d'auteurs n'ont-ils pas salué la petite reine* ? Il faudrait dire les humoristes : Jules Renard, Alphonse Allais, Alfred Jarry, Marcel Aymé, Jacques Perret, Antoine Blondin* bien sûr. Il faudrait dire les écrivains de renom : Joseph Henri Rosny et *Le Roman d'un cycliste* ; Jules Romains et la merveilleuse amitié des *Copains* (1913) ; Ernest Hemingway, qui fait place aux routiers du Tour du Pays basque dans *Le Soleil se lève aussi* (1926) ; Roger Vailland et ce circuit de Bionnas où se lit déjà le destin du triste héros de *325 000 francs* (1955). D'autres, comme Julien Gracq (*Lettrines*, 1974), évoquèrent la vie des vélodromes*, l'un des premiers étant Rémy Saint-Maurice, dont *Le Recordman* parut d'abord en feuilleton dans *L'Illustration* (1898). Quant au Tour* de France, il fut, comme au cinéma*, un sujet privilégié. L'analyse des *Mythologies* (1957) de Roland Barthes traitant « le Tour comme épopée » mérite pour le moins d'être cité. Mais des auteurs de moindre renom – Henry Aurenche avec *Mémoires d'une bicyclette* (1923), André Reuze et son *Tour de souffrance* (1925), et pourquoi pas André Valtier (*Un drôle de Tour*, 1963) et San Antonio (*Vas-y, Béru !*, 1965) – surent aussi saisir cet événement en des pages susceptibles de toucher le lecteur. Enfin, s'il fallait mettre deux textes en exergue, ce seraient alors *Les Mauvaises Routes* (1959) de Pierre Naudin, description intense des courses amateurs et de la société française des années 1934-1935, et le *Claude Lenoir* (1907) de Théodore Chèze, demeuré à mon sens « le chef-d'œuvre inconnu ». JD

MAGAZINE

■ Magazine

Dans *Les Revues cyclistes des origines à nos jours* (1996), Bernard Deon et Jacques Seray n'ont pas recensé moins de 305 titres et 265 périodiques multi-sports ! Très tôt, le sport et le journalisme* eurent besoin l'un de l'autre ; en France, c'est d'abord la vélocipédie qui en apporta la démonstration. *Le Vélocipède illustré* (1869) de Richard Lesclide lança le mouvement. Mais dès 1885, les magazines se multiplient, tels *Le Véloce Sport*, organisateur en 1891 du premier Paris-Bordeaux, ou *Le Cycle*, l'un de ses nombreux rivaux. Le quotidien *Le Vélo* naît

en 1892, suivi de *L'Auto-vélo* (1900) devenu *L'Auto* en 1903 – ancêtre de *L'Équipe* (1946) –, et de *L'Écho des sports*. À la même époque, *Le Cycliste* de Paul de Vivie, fondé à Saint-Étienne*, est plus confidentiel et cyclotouriste*, mais le titre survivra longtemps à son fondateur. De beaux hebdomadaires illustrés, *La Vie au grand air* (1898), puis *Le Miroir des sports* (1920), *Match* qui se consacre exclusivement au sport jusqu'en 1938, *Miroir-Sprint* (1946) fondèrent une grande part de leur succès sur les péripéties du Tour* de France. Plus spécialisés, *Cyclo-Sport* (1921), *La Pédale* (1923), souvent illustrée de caricatures* de Jack Plunkett, *Route et Piste* (1946) étaient chaque semaine la lecture des passionnés. Enfin, des mensuels, tel *Vélo*, soutenu par *L'Équipe*, ont entretenu avec divers concurrents une flamme que les retransmissions télévisées font peut-être plus vaciller qu'elles ne l'attisent. JD

■ Marque

Que la victoire d'un coureur soit la preuve éclatante de la qualité exceptionnelle de la machine qu'il utilisait, et que la publicité* s'en empare comme

---

■ MAILLOT
Les couleurs de l'excellence

Il n'a jamais gagné la grande épreuve ; mais au départ de Grenoble-Genève, onzième étape du Tour* de France 1919, c'est bien Eugène Christophe, alors en tête de l'épreuve, qui eut l'insigne honneur de se présenter revêtu du maillot jaune permettant enfin au public de distinguer, du premier coup d'œil, l'homme-phare de la course ; cette couleur jaune était tout simplement celle du papier journal* de *L'Auto*, l'organisateur. Devenu légendaire, le « paletot » jaune instauré par les responsables de la course, a fait des émules : maillot rose du Giro* d'Italia (couleur de la *Gazzetta dello sport*), maillot amarillo (un jaune un peu différent) de la Vuelta espagnole. Dans le Tour* lui-même, d'autres signes distinctifs sont apparus : le maillot vert à partir de 1953 car le donateur initial de ce classement aux points (par opposition au classement habituel par addition de temps) fut *La Belle Jardinière* ; maillot à pois rouges pour le meilleur grimpeur, auquel Richard Virenque s'est déjà identifié à quatre reprises. En dehors des courses par étapes, les lauréats d'un championnat national et d'un championnat du monde gagnent en même temps le droit de pouvoir porter durant un an les couleurs de leur pays ou « l'arc-en-ciel ». Tout cyclard débutant rêve de pouvoir porter un jour l'une de ces précieuses tuniques, qui transcendent leur possesseur, et parfois le brûlent, se transformant alors en tunique de Nessus. JD

L'équipe professionnelle Renault Elf 1985 à l'entraînement, Aix-en-Provence. Photographie de Guy Le Querrec.

le meilleur des arguments de vente, aura très vite été une donnée essentielle de la vie du sport cycliste. Qu'il s'agisse de Clément, équipant Fernand Charron, trois fois champion de France en 1891, des Cycles Peugeot trustant les cinq premières places de Paris-Nantes-Rennes-Paris 1894, ou de la Gladiator, la lutte des marques s'engage d'emblée. Le Tour* de France va susciter des empoignades violentes entre les formations de la Française Diamant, constructeur de Maurice Garin, et celles d'Alcyon et de Peugeot – ces derniers organisant d'ailleurs certaines années leurs propres Tours, réservés à des coureurs de moindre renom montant exclusivement leur marque.
Après 1914, voici J.-B. Louvet, Alleluia, Génial-Lucifer, Automoto surtout, dont la couleur violine sera transmise à la marque Mercier. La nouvelle formule du Tour adoptant les équipes nationales en 1930 altère à peine le prestige des marques. Les données ne changent réellement qu'à partir de 1954, lorsque la baisse des ventes de bicyclettes* contraint à rechercher des partenaires « extra-sportifs » pour pouvoir financer une équipe. Ces associés prennent peu à peu le devant de l'affiche, les marques de cycles ne viennent plus qu'au second rang, puis s'effacent. Les cycles Gitane, avec Bernard Hinault pour chef de file, apparaîtront encore au générique, mais du groupe Renault-Gitane c'est bien le constructeur automobile qui tenait les rênes. L'évolution aura été la même en Italie où la Legnano, la Bianchi furent longtemps si prestigieuses. Désormais, ni Colnago, le constructeur transalpin de cadres*, ni Merckx* qui fabrique des modèles de course* haut de gamme, n'imagineraient financer seuls une « équipe de marque ». JD

Double page suivante : Laurent Jalabert (maillot vert), Miguel Indurain (maillot jaune), Richard Virenque (maillot à pois). Futur classement du Tour de France, juillet 1995.

Eddy Merckx, 1969.

■ Merckx (Eddy)

Le palmarès est là. Quelles que soient les comparaisons subjectives, les analyses de style et d'apparence, les discussions de comptoir, Eddy Merckx, né le 17 juin 1945 à Meensel-Kiezegem dans le Brabant, coureur cycliste du 16 juillet 1961 au 18 mai 1978, jour où la mort dans l'âme il annonça son retrait définitif des compétitions*, aura accumulé un nombre incomparable de victoires. Il aura surpassé tout ce qu'on avait vu avant, par sa puissance, sa rage de vaincre, sa volonté absolue de se montrer toujours et partout le meilleur. À une époque où il semblait devenu très difficile d'échapper à la chasse menée à plus de cinquante à l'heure par les pelotons ligués contre l'homme seul, ce « cannibale » fut un maître aussi irrésistible que l'avait été Coppi*. En 1979, l'excellent annuaire belge *Vélo*, s'évertuant à dresser la liste de ses succès, en dénombrait 625 piste* et route mêlées, sur 1 800 compétitions, entre le 1er octobre 1961 au Petit-Enghien chez les débutants et le 17 septembre 1977 à Kluisbergen, proportion extravagante quand on sait la part des aléas dans un sport où les suprématies sont constamment remises en jeu.

Parmi ses victoires, faut-il souligner pour ne citer que certaines des plus grandes : quatre Championnats du monde, amateur (1964) et professionnels (1967, 1971, 1974) ; sept Super Prestige consécutifs (1969 à 1975) ; sept Milan-San Remo sur neuf participations (entre 1966 et 1976) ! ; un nombre impressionnant de ville à ville, dont cinq Liège-Bastogne-Liège, et trois Paris-Roubaix* ; cinq Giro*d'Italia et cinq Tours* de France. Quant au record* de l'heure, les 49,43195 km du 25 octobre 1972 à Mexico, il résista jusqu'en 1984 – lorsque Moser utilisa un matériel d'une nouvelle ère technologique. JD

■ Michaux
(Pierre et Ernest)

Né en juin 1813 à Bar-le-Duc, Pierre Michaux quittera sa ville natale pour effectuer son « tour de France » de serrurier (pour voitures attelées), et s'installera finalement à Paris, 7, cité Godot-de-Mauroy, près des Champs-Élysées. Quand en mars 1861, un chapelier de la rue de Verneuil, Brunel, apporte à Michaux, pour réparation, une vieille draisienne* à la roue* avant défaillante, l'un des fils, Ernest (19 ans) essaye l'engin, et se plaint du désagrément qu'il éprouve une fois lancé pour garder les jambes levées. Pierre suggère alors de placer des repose-pieds, ou plutôt « un axe coudé dans le moyeu de la roue » qui la fera « tourner comme une meule ». Ainsi serait né le premier vélocipède à pédales*. L'invention fut en tout cas le point de départ d'une extension et prospérité qui va dépasser Pierre Michaux, comme l'a très bien montré l'historien Keizo Kobayashi. La société Michaux et Cie sera créée le 7 mai 1868 avec les entrepreneurs frères lyonnais Aimé, René (et Marius) Olivier. Mais dès le 6 avril 1869, les associés se séparent. En conflit avec les frères Olivier, Pierre Michaux perdra ses droits, lors du procès du 11 octobre 1869, et ne s'en relèvera pas. Il mourra le 9 janvier 1883 à l'hospice de Bicêtre. Fin septembre 1894, un an après celui de Drais* à Karlsruhe, un monument sera inauguré à Bar-le-Duc, avec le soutien du journaliste* Pierre Giffard et du *Vélo*, en hommage à Pierre et Ernest. JD

Un vélocipède Michaux, 1868. Saint-Étienne, musée d'Art et d'Industrie.

■ MINI-VÉLO

Mini-vélo pliable Darrigade, v. 1975.
Saint-Étienne, musée d'Art et d'Industrie.

En 1962, au Salon* de Londres, l'ingénieur Alex Moulton propose une curiosité : un vélo doté de roues* de 400 millimètres, et d'un cadre* formant une poutre centrale qui ne relie plus la tête de la fourche avant à la tige de la selle* ; on s'esclaffe. Quelques années après, les Moulton se comptent par dizaines de milliers, et les recherches des constructeurs européens se portent dans cette direction. Raleigh, notamment, fabriquera quelque 250 000 mini-vélos entre 1967 et 1974. Non seulement la plupart des modèles sont munis d'un porte-bagages et de suspensions en caoutchouc, mais en plus nombre d'entre eux présentent l'avantage d'être pliables, grâce à un cadre articulé.

Diminuer l'encombrement du vélo n'était toutefois pas une idée nouvelle. Entre autres expériences, on lança à Coventry* en 1878 un tricycle* pliant avec cadre à charnière, baptisé Compressus. En 1895, la bicyclette pliable du capitaine Gérard, conçue pour l'armée, avait recueilli un certain succès, et les premiers bataillons cyclistes défilèrent le 14 juillet 1901 sur les Champs-Élysées – cette machine infiniment lourde coiffa l'importable paquetage des dits bataillons jusqu'en 1914. Pourtant, jusqu'à ce que s'impose le mini-vélo, dans les années 1960 et 1970, aucun deux-roues pliable n'avait véritable-

ment trouvé son public, et encore moins suscité un tel phénomène de mode.

En France, en 1968, lorsque la crise* sociale et politique stoppe net les livraisons de carburant, et que les marchands de cycles sont assaillis, les ventes de mini-vélos feront un bond considérable. En 1975, une maison de cycles annonce que sur cent modèles fabriqués, quinze sont des vélos pliants pour enfants*, et vingt-cinq pour leurs aînés, avec des roues de 550 à 600 millimètres : avantage majeur, ils entrent aisément dans le coffre des voitures des citadins* partant en week-end. Depuis, la vogue s'est calmée, car la pratique a fait droit aux arguments des contempteurs, pour lesquels ces machines peu stables, et peu agréables sur une pente de quelque pourcentage, « n'étaient que des leurres ». Il n'en reste pas moins tout à leur crédit d'avoir ramené vers la bicyclette* nombre d'adultes repris du goût de pédaler et décidant un beau jour qu'il leur faut un « vrai vélo ». JD

MONTRE

Tony Rominger, contre la montre individuel, prologue du Tour de France, 1996.

■ Montre (contre la)

En haut de la rampe de lancement, « ils ont le masque » ; certains se signent furtivement ; « 5, 4, 3, 2, 1 », les voici partis pour cet effort solitaire et total ; à l'arrivée, l'emportera celui qui aura couvert la distance dans le temps le plus bref. Dans les courses contre la montre individuelles, grâce à la formule des départs séparés, les concurrents sont en principe maîtres de leur trajectoire, contrairement aux courses en ligne qui les soumettent aux à-coups et brusques écarts d'un peloton.

Nées en Grande-Bretagne sous la forme de tentatives de records* – par exemple sur les 1 385 kilomètres séparant Land's End et John O'Groats, couverts par Mills sur son « grand bi* » en 5 jours 1 h 45 en 1886 –, ces luttes contre le temps se déroulèrent d'abord sur de longues distances : 320 kilomètres aux Jeux Olympiques 1912, 170 kilomètres au Championnat du monde professionnel 1931. L'année suivante, le journaliste* Gaston Benac créait le Grand Prix des Nations, qui allait faire école et dont Jacques Anquetil – neuf fois au départ et neuf fois vainqueur entre 1953 et 1966 – demeurera la figure de proue.

Les « rouleurs », au style épuré tels Coppi* ou Koblet, à la puissance dévastatrice comme Merckx* ou Hinault, ont augmenté constamment les moyennes de ces courses – éprouvantes entre toutes, quand bien même les parcours proposés sont maintenant sensiblement raccourcis. Il est des contre la montre particuliers : les très brefs « prologues », les courses à deux (type Trophée Baracchi), les courses par équipes impitoyables aux faibles. Récemment, le genre a été de nouveau officialisé avec un Championnat du monde depuis 1994, et un titre olympique depuis 1996 : Chris Boardman et le roi Miguel Indurain, Alex Zülle plus heureux que Tony Rominger, y ont trouvé une autre consécration. JD

ŒUVRE D'ART

■ ŒUVRE D'ART
« Le mouvement de la roue me rappelle le mouvement des flammes. » (Marcel Duchamp)

Une banale selle* de cuir, un guidon inutilisable : le génie de Picasso les réunit, les transfigure, et c'est la *Tête de taureau* (1943). Rares en revanche seront les sculpteurs s'attaquant avec succès à un sujet peut-être « impossible », parce que sa représentation figurée est trop difficile. Au repos et bien loin des vélodromes*, le *Cycliste* (1908) de Maillol ne l'est que parce que l'artiste le savait ; le *Ready-made* (1913) de Marcel Duchamp, simple roue* de vélo sur sa fourche, et le monument *Hommage à Alfred Jarry*, conçu par Ossip Zadkine pour la ville de Laval, furent autrement imaginatifs.

Marcel Duchamp, *Ready-made*, 1913 (version de 1951). Roue fixée sur un tabouret de bois, 128 × 68 × 42. New York, Metropolitan Museum of Art.

L'exposition *Cycles d'Art* organisée conjointement en 1996 par le musée d'Art et d'Industrie de Roubaix et le musée national du Sport a montré au contraire qu'il n'y aurait pas simple caprice à réunir des œuvres de peintres sur le thème cycliste : des affiches de Toulouse-Lautrec (*La Chaîne Simpson*, 1896), Mucha, Bottini, Vuillard voisinant avec des dessins de Steinlen et Jacques Villon ; les thèmes de la vitesse* et du mouvement illustrés par deux grande écoles du début du siècle, les futuristes italiens et les cubistes, tel Jean Metzinger avec *Au vélodrome* ; mais aussi un Lucien Jonas et les eaux-fortes de Dunoyer de Segonzac au Vel' d'Hiv. Au rendez-vous encore, les surréalistes Magritte, Dali ; puis Braque, Léger, Dubuffet ; plus tard, Arpad Szènès, et Jean Messagier, et combien d'autres. Sans oublier la série de cartes postales éditée par Joseph Forêt, qui sut convaincre des illustrateurs ayant pour nom Van Dongen (1955), Utrillo, Foujita ou Buffet...JD

■ Paris-Roubaix

Imaginé en 1896, à Pâques, par Théodore Vienne et Maurice Perez pour consacrer leur vélodrome* proche du parc Barbieux, point d'arrivée de la course, voilà Paris-Roubaix devenu plus que centenaire. Pour préserver cette épreuve d'un autre temps, où la malchance prend une part essentielle, les organisateurs ont dû déplacer le départ à Chantilly, puis Compiègne ; se battre avec les goudronneuses et chercher désormais des chemins de campagne* afin de sauver la cinquantaine de kilomètres de « barnums », ces affreux pavés qui ne laisseront en lice – sauf cas rarissime – que des « costauds » à l'orée du dernier tour de piste, qu'ils arrivent ignobles de boue, ou le visage noir de poussière.

Les palmarès disent qu'Octave Lapize dit le Frisé (1909 à 1911), Gaston Rebry le Bouledogue (1931, 1934 et 1935), Rik Van Looy (1961, 1962 et 1965), Merckx* (1968, 1970 et 1973), Francesco Moser (1978

PÉDALE

Gilbert Duclos-Lassalle, Paris-Roubaix, avril 1995.

Modèles de pédales extraits du catalogue de pièces détachées de Manufrance, 1900. Saint-Étienne, musée d'Art et d'Industrie.

Pédale à scies

Pédale à caoutchoucs

Pédale à scies

Pédale à caoutchoucs mobiles

Pédale extensibles à scies « Hirondelle »

Pédale extensibles à scies « Hirondelle »

Cale-pieds

à 1980), ont trouvé leur maître avec le Gitan Roger de Vlaeminck (1972, 1974, 1975 et 1977), aussi adroit que transcendé par cette épreuve au sens plein du terme. Mais tandis que seule une application absurde des règlements mit hors victoire Jean Maréchal (1930) et Roger Lapébie (1934), et que durant la dernière décennie certains des meilleurs ont décidé d'en refuser les aléas, les plus grands, tel Coppi*, surent l'emporter. Un temps rejetés, les Français ont repris rang avec les amoureux d'une course unique en son genre : Marc Madiot (1985, 1991), Gilbert Duclos-Lassalle (1992, 1993), et l'inattendu Frédéric Guesdon, véritablement au-dessus du lot lors du sprint final à huit de 1997. JD

■ Pédale

Le vélocipède, le cyclisme sont véritablement nés du jour où les pédales permirent d'actionner la machine (voir Michaux) : lourdes et à glands dorés sur les premiers engins afin de se trouver en principe toujours stables sous le pied, elles s'allégèrent peu à peu. C'est en appuyant sur les pédales que l'on accélère ou ralentit le mouvement. L'entraînement de début de saison s'effectue à la recherche du « coup de pédale » devenu synonyme de la grande forme, le « coup de savate » ou « coup de chausson ». Cet état de grâce pouvait paraître permanent dans le cas d'Ugo Koblet surnommé « le pédaleur de charme ».

Longtemps, les cale-pieds et les courroies furent indispensables pour que le coureur utilise toute sa puissance sans risquer de perdre la pédale au moment d'un démarrage décisif. Les systèmes automatiques de blocage et déblocage instantané du pied – inspirés des fixations de ski – y ont mis fin, et l'Irlandais Sean Kelly aura été l'un des derniers tenants du cale-pied classique. La pédale, logée à l'extrémité de manivelles aujourd'hui généralement de grande taille (17 centimètres au moins), fixée sur un axe qui ne se brise plus que rarement, reste par la force des choses un élément doublement essentiel.

Le plus bel hommage qui lui ait été rendu ne tient-il pas dans l'expression en usage de nos jours dans le langage* des coursiers évoquant une victoire particulièrement significative : « C'était dur, mais je les ai eus à la pédale. » JD

■ PISTE
Les rois du style

Sur la piste des vélodromes*– point de mire constant du regard des spectateurs –, le manque de style et de classe ne pardonne pas. Ce « conservatoire du geste » qui n'admet pas la médiocrité nécessite un vélo de course* particulier, épuré, aux pédales* étroites et à la cage de pédalier plus éloignée du sol (en général 27,5 cm au lieu de 26,5), afin de ne pas toucher dans les courbes, parfois très abruptes sur les pistes de 250 mètres ou moins. Le pignon fixe de la roue* arrière, impliquant que le coureur ne cesse jamais de pédaler, se conjugue avec un unique plateau de pédalier. Dorénavant, les développements de plein air sur ciment sont de l'ordre de 7,26 m et 7,40 m, descendant jusqu'à 7,20 m, voire à 7,07 m, sur les courtes pistes en bois, sauf lors des poursuites et tentatives de records* où les machines dernier cri, à design* et guidon dans le prolongement du corps, permettent des braquets parfois énormes.

Le cyclisme sur piste, discipline olympique, école de vélocité, adresse et coup d'œil, demeure une formation de base majeure et le plus plaisant des spectacles. Nombreuses et variées sont ses disciplines : la vitesse, courue la plupart du temps sur 1 000 mètres, dont la variante japonaise est le *keirin* ; le kilomètre (500 mètres pour les femmes*) départ arrêté, effort brutal entre tous ; la poursuite, opposant deux hommes seuls – partis à un demi-tour l'un de l'autre, symétriques par rapport au point central ; l'ancienne individuelle devenue course aux points ; les « américaines » poussées jusqu'aux Six* Jours qui se courent par équipes de deux (ou trois) dont l'un au moins doit se trouver constamment en piste ; quant au demi-fond derrière grosses motos, si bien décrit par Julien Gracq (voir Littérature), il a vu pâlir son étoile. JD

Felicia Ballanger et Slioussarev, 3e Open des Nations, Paris-Bercy, 1995.

Pliable.
Voir Mini-vélo

Pneumatique

« Notre course a fait justice de la terreur du clou ! » : ainsi s'exprimèrent dans un supplément au *Véloce-Sport* les organisateurs du Paris-Clermont-Ferrand 1894, réservé aux utilisateurs de pneumatiques démontables Michelin. La firme française avait lancé son prototype sur la machine de Terront, vainqueur du Paris-Brest-Paris 1891. Mais la véritable révolution avait déjà eu lieu, quelques années auparavant, en 1888, quand le vétérinaire John Boyd Dunlop avait réinventé le « tube creux de caoutchouc gonflé d'air » – système déjà préconisé en vain par Thomson, en 1845, pour les roues* des voitures à chevaux. Remplaçant les bandages pleins jusqu'alors en vigueur, le pneumatique, avec son enveloppe protégeant la chambre à air, s'imposa rapidement. Il garantissait des secousses et permettait d'aller plus vite. En mai 1889, Hume, équipé par Dunlop, remporta sans coup férir quatre courses sur les fameux frères Du Cros ; ceux-ci, ralliés à leur tour au pneumatique, trustaient le Championnat d'Irlande, puis battaient les Anglais eux-mêmes ; le « creux » gagna le Continent. Par la suite, la chappe en caoutchouc s'est progressivement allégée. Des « tuyaux d'arrosage », on est allé jusqu'aux « pelures d'oignon » ou « super-siffleurs », au fur et à mesure que les routes s'amélioraient, non sans que le problème du choix – poids et section – ne continue de se poser, selon la nature de l'épreuve à disputer.

Les boyaux de rechange noués autour du torse des coureurs restèrent une image familière jusqu'aux années 1950. Mais les boyaux « perçant » tout de même relativement souvent, les pneumatiques sans chambre à air, à carcasse à la fois assez légère et résistante sont redevenus d'actualité chez Wolber par exemple dans les années 1980, puis chez Michelin et Hutchinson. JD

Départ de la course Paris-Roubaix, 1904.

Pope (Albert Augustus)

Ancien colonel, Albert Augustus Pope (1843-1909) s'intéressa d'abord à la fabrication d'outils de cordonnerie et de pistolets à air comprimé. En 1877, il crée à Boston sa propre entreprise, la Pope Manufacturing Company. Passionné de vélocipédie, il se propose l'année suivante d'ouvrir un centre d'apprentissage*. Il effectue, à cet effet, plusieurs déplacements en Angleterre, notamment à Coventry*, et en revient finalement avec l'ambition de commercialiser des cycles. Il produit bientôt, à grande échelle, le Columbia, qui fera sa fortune. Mais sa soif d'entrepreneur n'étant pas satisfaite, il souhaite aller plus loin et profiter pleinement des possibilités nouvelles qu'offre le capitalisme américain. Après avoir sollicité les conseils d'un juriste, il se porte acquéreur d'un ensemble de brevets, obtenant ainsi une position de contrôle sur la production* et le commerce du cycle aux États-Unis. Devenu riche grâce aux royalties accumulées, Pope utilisa cette fortune à bon escient, puisqu'il finança un système d'assistance aux coureurs accidentés, mais aussi l'École des ponts et chaussées, ce qui lui valut le sobriquet de « père des bonnes routes ». Se lançant plus tard dans l'industrie* automobile, il connut des déboires, et son entreprise, mise en banqueroute, ne lui survécut pas. CD

Affiche publicitaire pour la *Columbia Valentine*, New York, 1888.

Poulidor (Raymond)

Ce coureur-là occupe une place à part dans le patrimoine sportif national. Les spécialistes de la petite reine* lui préfèrent les

Raymond Poulidor, Tour d'Espagne, 1964.

dévoreurs de chronomètres que sont Anquetil, Merckx*, Hinault ou Indurain.
Surnommé à tort « l'éternel second », sans doute à cause de ses échecs répétés lors du Tour* de France, Raymond Poulidor, qui poursuivit sa carrière jusqu'en 1977, dispose pourtant d'un solide palmarès : Milan-San Remo 1961, la Flèche wallonne, le Grand Prix des Nations, le Grand Prix de Lugano en 1963, le Tour d'Espagne 1964, le Dauphiné 1966, la Semaine catalane 1971, Paris-Nice 1972-1973, le Critérium des As 1972, le Midi Libre 1973, sans oublier ses cinq victoires dans le Critérium national, son classement au Championnat du monde (2e en 1974, 3e en 1964 et 1966) ainsi que son palmarès sur le Tour de France (arrivant second en 1964, 1965 et 1974).
Ce fils de paysans limousins, né en 1936, semble devoir sa « poupoularité », selon l'expression de Blondin*, à une sagesse qu'il entretint tout au long de sa carrière, et qui lui permit de monter sur le podium du Tour de France à l'âge de 40 ans – il fut classé troisième en 1976. À l'inverse des plus grands champions, capables à répétition d'exploits extrêmes*, Poulidor, volontaire dans l'effort, mais conscient de ses limites, incarne les vertus d'humilité et de générosité. « C'est l'humanité même », disait de lui Antonin Magne, l'un de ses anciens directeurs sportifs. « Poupou » sembla perpétuer, dans les années 1960 et 1970 l'image disparue de la France populaire d'après-guerre. Cette France de la tradition rurale qui contraste avec la société actuelle, celle de la consommation, de la vitesse* et de l'éphémère. CD

Vallée du Fleuve Jaune, Chine.

■ **Production**
Le véritable lancement de la bicyclette* s'amorce dès la fin du XIXe siècle. De 50 000 en 1890, le nombre de machines en circulation en France passe à 300 000 en 1895, à près d'un million en 1900, pour atteindre plus de 3,5 millions en 1914. Aujourd'hui, le parc de bicyclettes français, difficile à estimer du fait de la disparition de l'impôt* sur le vélo, serait supérieur à 20 millions. L'industrie* du cycle place la France au 13e rang mondial, avec environ 1,4 million de machines produites chaque année, loin derrière la production chinoise et ses 42 millions de bicyclettes. La production mondiale, supérieure à 100 millions d'unités, se concentre pour plus de 60 % dans le Sud-Est asiatique (Chine*, mais aussi Taïwan, Japon, Corée et Thaïlande). Depuis la fin de la dernière

guerre mondiale, l'industrie française du cycle, développée notamment à Saint-Étienne*, n'a cessé de décliner, alors qu'elle occupait avant-guerre la 3e place, derrière l'Angleterre et l'Allemagne. À l'heure actuelle, non seulement les pays du Sud-Est asiatique, les États-Unis, la Russie, l'Inde, l'Allemagne, mais aussi l'Italie, le Brésil et la Pologne devancent la France. Malgré le nouveau débouché que représente le VTT*, la production française stagne. L'accroissement des ventes à des prix cassés, en hypermarchés et grandes surfaces spécialisées « Sport » (plus des 2/3 de la distribution en 1995), profite en premier lieu aux importateurs asiatiques (150 000 vélos importés au début des années 1970, plus de 2 millions en 1995). Sur les 3 millions de vélos achetés chaque année en France, 70 % sont des produits d'importation. CD

■ **PUBLICITÉ**
Le nerf de la course

Quand, en mars 1955, sur la ligne de départ de Milan-San Remo, Raphaël Geminiani et ses coéquipiers ôtent leurs survêtements, ils laissent voir des maillots* aux couleurs des apéritifs Saint-Raphaël, et s'élancent avec le reste du peloton ; un blâme et un avertissement des instances fédérales* seront leur unique sanction. Ils viennent ainsi d'entrer dans le jeu proposé au début de 1954 par Fiorenzo Magni qui, sa marque* de cycles Ganna se retirant, avait été soutenu par la crème Nivea formant avec les cycles Fuchs le premier *gruppo sportivo*. Malgré le combat d'arrière-garde des industriels et des journaux* craignant de perdre les budgets publicitaires, ce fut bientôt un raz-de-marée décisif. Les « extra-sportifs » s'assurant une prépondérance écrasante, l'économie du cyclisme de compétition* va changer ; car la stratégie des entreprises exige des retombées à court terme, et donc des succès presque immédiats, là où les marques de cycles d'antan investissaient sur la durée.

Quand Renault décidera de quitter le cyclisme, les coureurs dirigés par Guimard passent chez *Système U*, puis chez *Castorama*, enfin ne trouvent aucun repreneur, et c'est la clé sous la porte. Lorsque Bernard Tapie pour *La Vie Claire* engage Bernard Hinault, puis l'Américain Greg Lemond, les salaires des meilleurs montent en flèche. Il faut désormais de 20 à 40 millions de francs par saison et plus, pour disposer d'une équipe capable d'occuper les premiers rangs des retransmissions télévisées ; et trouver un partenaire disposé à signer un contrat de trois ans devient une performance. Mais surchargés de noms, les maillots des coureurs sont-ils encore vraiment « lisibles » ? JD

Carte postale publicitaire pour les confitures *Maître Frères*.

Double page précédente : Tony Rominger battant le record de l'heure à 55,291 km, 5 novembre 1994.

■ RECORD
Les champions tiennent la cadence

Sans doute la notion de « record » est-elle bien moins primordiale en cyclisme qu'en athlétisme. Dans les épreuves routières, il s'agit avant tout de franchir en tête la ligne d'arrivée, et les moyennes sont essentiellement tributaires des conditions atmosphériques. Le fait que, le 30 mars 1964, dans l'étape Gafsa-Gabea du Tour de Tunisie, Walter Godefroot l'ait emporté à 52,708 km/h relève de l'anecdote, car la course fut ce jour-là poussée par un vent de tempête. Quant au ruban jaune, à l'instar du ruban bleu que se disputaient les paquebots sur l'Atlantique, lancé en 1936 pour les compétitions* dites « classiques », qui sait qu'il est théoriquement l'apanage de Hendrik Redant (Paris-Tours 1992 à 46,745 km/h) ?

On laissera aussi de côté les exploits proches de l'extrême*, comme ces tentatives de plus grande vitesse derrière entraîneurs, qu'il s'agisse du mile en 57 secondes et 4/5 de Charles Murphy dès la fin du siècle dernier dans le sillage d'une locomotive, des 122,771 km/h de Léon Vanderstuyft le 29 septembre 1928 sur l'autodrome de Montlhéry, ou des kilomètres fous de José Meiffret.

Deux performances effectuées sur piste*, et donc dans des conditions apparemment comparables, méritent en tout cas d'être considérées. La première est le 1 000 mètres départ arrêté – qui sera bientôt parcouru en moins d'une minute, à plus de 60 kilomètres à l'heure – quand Pierre Trentin l'emporta, aux Jeux Olympiques de 1968 à Mexico, en 1 minute 3 secondes et 91/100, ce fut un exploit. Mais le record-étalon reste clairement celui de l'heure sans entraîneur. Établi à 35,325 km le 11 mai 1895 par Desgrange, alors modeste coureur, il fut haussé par Boardman à 56,375 km, le 6 septembre 1996, l'Anglais couvrant 9,02 m à chaque coup de pédale sur la piste du vélodrome* de Manchester. Entre eux, 21 coureurs, dont Merckx* – mais aussi l'évolution du vélo de course* et de la préparation athlétique – ont chacun leur part de ces 21 050 mètres gagnés. JD

Reine (Petite)

En mars 1890, le journaliste* Pierre Giffard découvre la vélocipédie ; il va en dessiner l'avenir, en termes clairs, pour le lectorat du *Petit Journal*, soit essentiellement ce qu'on appelait le « petit peuple ». Puis il s'adresse également à la « haute société » : le 4 octobre 1890, *Le Figaro* publie sous sa signature un « Supplément littéraire » de 4 pages, illustré par Mars, qui décrit l'ère nouvelle. Quelques mois plus tard, Giffard fait paraître en 1891 une mince et très fantaisiste « histoire du vélocipède des temps les plus reculés jusqu'à nos jours ». Il s'agit en réalité de quelques variations au fil de la plume, mais le charmant dessin de couverture, toujours signé Mars – une jeune fille portant au-dessus de sa tête, sans effort, une légère machine dernier cri –, et le titre de la plaquette frappent les esprits : *La Reine bicyclette*. En opposition naturelle au « grand bi* » dépassé, et de par l'affection, la tendresse, que lui vouent spontanément ses zélateurs, ce sera tout de suite « la petite reine », expression vite entrée dans le langage courant. Ce qui s'inscrit en faux contre l'allégation selon laquelle c'est l'usage* du cycle par Wilhelmine, reine de Hollande*, qui aurait été à l'origine de ce surnom familier. JD

Roue

Une jante, un moyeu, des rayons : voilà les composantes d'une roue. Cerclée de bandages en caoutchouc au temps du « grand bi* », puis de pneumatiques* peu après l'apparition de la bicyclette*, la jante nue est « la forme géométriquement pure » de la roue. Elle comporte des œilletons où vont se loger les têtes des rayons, lesquels s'y trouveront vissés par des écrous. Les rayons, ces tiges d'acier ou chromées, partent du moyeu central. Même si en Angleterre on utilise des roues arrière à 40 rayons et des roues avant à 32, le rayonnage le plus habituel est de 36 – sauf désir des coureurs d'alléger la roue arrière. Pour les roues de série, avec moyeu dit « petits corps » ou « à petites joues » ou « à petits flasques », on rayonne

Page de titre de l'ouvrage *La Reine Bicyclette* de Pierre Giffard, 1891. Dessin de Mars. Coll. part.

Palerme, Sicile, 1955. Photographie d'Henri Cartier-Bresson.

« à 3 », chaque rayon en croisant trois autres. Pour les moyeux « à grands flasques », on croise « à 4 », d'où une roue de tenue plus rigide, mais d'une fragilité relative.

Que le montage de la roue soit effectué industriellement* ou à la main, il faut introduire les rayons un par un dans les orifices des flasques ; la mise en tension jusqu'à ce que la roue soit impeccablement montée, centrée, et tourne parfaitement rond, sera minutieuse. Plus tard, si l'on constate un voilage, une clé à rayons permettra de retendre et revenir à l'équilibre nécessaire.

Aujourd'hui, on fabrique aussi des roues pleines ou roues lenticulaires, et les recherches en soufflerie ont même conduit aux roues à bâtons, utilisées sur piste* ou contre la montre* – cocasse retour vers les rais en bois des lourdes draisiennes* permis par les matériaux modernes –, voire aux roues à lames (au nombre de huit, appariées deux à deux). JD

■ Saint-Étienne

En 1832 est mise en circulation la première ligne de chemin de fer française entre Saint-Étienne et Andrézieux pour le transport du charbon. La capitale du Forez se trouve, en effet, au cœur d'un vaste bassin houiller. Dans les dernières années du XIXe siècle, alors que les ateliers de charronnage se multiplient, quelques artisans décident de se spécialiser, tels les frères Gauthier, constructeurs de la première bicyclette* stéphanoise en 1886. L'année précédente, deux jeunes entrepreneurs, Pierre Blachon et surtout Étienne Mimard s'étaient rendus acquéreurs d'une petite affaire, la Manufacture française d'Armes de Saint-Étienne. Ayant un sens très développé des affaires, Mimard, génial entrepreneur, tente de promouvoir un concept révolutionnaire : la vente par correspondance. Pour mieux commercialiser ses produits, il imagine un catalogue, tiré d'abord à 20 000 exemplaires, où seraient référencés

SALON

Encart publicitaire pour *L'Hirondelle*. Extrait du catalogue de la Manufacture française d'armes et cycles de Saint-Étienne, 1890. Saint-Étienne, musée d'Art et d'Industrie.

tous les articles disponibles. Le succès apparaît foudroyant. Dès 1890, le catalogue est tiré à 300 000 exemplaires. Mimard cherche alors une activité complémentaire de la chasse, et susceptible de créer de nouveaux besoins. Ce sera le vélo. C'est en 1892 que Mimard fait appel aux frères Gauthier pour commercialiser le modèle Hirondelle, aujourd'hui objet de collection*. Devenue capitale du vélo*, le Coventry* français verra sa production* croître de 100 000 machines à l'aube du siècle à près de 250 000 en 1914. Le vaste mouvement de démocratisation* de la bicyclette peut alors commencer. CD

■ Salon

Le Stanley Show, qui présenta au public de l'Atheneum de Londres en 1878 une variété de 1 400 machines, et se tint jusqu'en 1890, aura vraiment été le modèle du genre. Il s'agissait en effet de tout autre chose que des deux (?) malheureux vélocipèdes de l'Exposition universelle de Paris en 1867. Ce qui ne veut pas dire que les Français ne tentèrent pas de se lancer dans ce genre d'organisations : des expositions furent liées à des compétitions* dans plusieurs villes, au printemps et à l'été 1869 ; celle du Pré-Catelan, organisée à l'automne par la Compagnie parisienne des frères Olivier en prélude au Paris-Rouen, ne manqua pas d'envergure. Puis, on le sait, la main passa de l'autre côté de la Manche. Il s'agissait de reprendre l'initiative.

Deux affiches de 1894 fixent encore la trace des deux premiers salons : celle d'Henri Gray pour la salle Wagram – une jolie cycliste, machine à la main –, et celle de Forain – deux jeunes femmes* roulant avec plaisir et élégance, mignons chapeaux, vestons et ceintures blanches, jupes vertes, en direction du palais de l'Industrie, où les fabricants de cycles et d'accessoires ainsi que la classe V « véhicules et moteurs » occupèrent 464 stands. Cette classe V, c'était l'embryon du futur Salon de l'auto. Car la curiosité envers les engins motorisés va en effet l'emporter.

Plus tard, les exposants du cycle auront du mal à revendiquer une totale autonomie : Salon de

Jean-Louis Forain, *Deuxième salon du cycle*, 1894. Affiche publicitaire. Paris, bibliothèque Forney.

l'automobile et du cycle, Salon du cycle et de la moto seront essayés. Sous une formule ou l'autre, ces salons se tiennent tous les ans ou tous les deux ans, à Milan, Cologne ou Paris, dans de vastes halles où sur les plates-formes mobiles tournent des prototypes plus ou moins crédibles au design* ultramoderne. JD

SANTÉ

■ SANTÉ
« Vélo bien tempéré est une jolie machine à santé »

Quand après une opération ses cardiologues préconisèrent la pratique de la bicyclette* au général Eisenhower, la renaissance cycliste timidement amorcée aux États-Unis s'en trouva immédiatement accélérée. L'intérêt des médecins envers le cyclisme ne date pas d'hier : une plaquette du Dr Bellencontre, *Hygiène du vélocipède*, le souligne dès 1869. En 1891, un certain Docteur Vélo organisait avec succès deux « caravanes vélocipédiques » : Paris-Turin-Paris, Paris-Londres-Paris. Et s'il fallait citer le nom d'un prosélyte parmi les plus ardents, ce serait celui du Dr James Ruffier, ce grand gaillard prêchant d'exemple jusqu'au soir de sa vie, lui qui en 1928 avait raconté son *Voyage à bicyclette* de Paris à la Méditerranée par le Jura et les Alpes, soit 1 500 kilomètres en « douze étapes [qui] ont mis merveilleusement au point mes muscles, mon cœur, mes poumons ».

Il est de simple bon sens qu'un usage* raisonnable du cyclisme ne puisse qu'améliorer le fonctionnement et la capacité cardio-vasculaire – au point d'aider au traitement des insuffisances coronariennes et à la régénération post-infarctus –, développer le système respiratoire, améliorer la condition physique. Encore faut-il justement faire preuve d'intelligence, en fonction de ses capacités, de son degré d'entraînement, de son âge : commencer par des sorties relativement courtes, être attentif à son alimentation, et ne pas outrepasser les possibilités du moment au point de ressentir une fatigue anormale. JD

■ Selle

Avant l'adoption de la selle sur toutes les bicyclettes*, l'usage du siège fut expérimenté. Monté principalement sur les tricycles* et les modèles féminins*, il offrait un confort maximal, mais réduisait le rendement musculaire en faisant davantage porter le poids du corps sur le siège que sur les pédales*. On essaya ensuite d'utiliser des selles en bois ou en corde tressée. Mais rapidement, c'est le cuir, choisi dans le croupon de la vache, qui fut

Selle du vélo créé par Maxi Sports pour Laurent Fignon, 1989 et selle en cuir, v. 1940.

retenu. Il est aujourd'hui de plus en plus remplacé par des matières plastiques recouvertes de mousse, jugées plus rentables. La forme de la selle varie suivant l'usage que l'on fait de la bicyclette. L'utilisateur du vélo hollandais*, dont le poids repose aux trois quarts sur la roue arrière, emploiera, dans un souci de confort, une selle relativement large et courte. À l'inverse, le pistard, dans sa recherche d'aérodynamisme, adoptera une selle étroite et longue, afin que son poids porte vers l'avant sur le guidon et les pédales. Bien plus qu'un simple support, la selle est l'élément incontournable à partir duquel le cycliste prend appui pour orienter sa technique de pédalage. Baudry de Saunier écrivait dans *Le Cyclisme théorique et pratique* (1892) que « la façon plus ou moins adroite dont le cycliste se met en selle indique immédiatement l'habitude ou l'ignorance qu'il a de sa machine ». CD

■ Sexe

Dès son avènement, la bicyclette essuie l'hostilité, voire la vélophobie* des milieux conservateurs et puritains, qui dénoncent le laisser-aller et le manque de savoir-vivre de ceux qui vélocent. C'est bientôt la pratique féminine qui va être la plus largement vilipendée. Toute une réflexion s'amorce dans le milieu médical pour protéger la femme* des périls immoraux auxquels cette machine l'expose. Le Dr Tissié, dans *L'Hygiène du vélocipédiste* (1888), précise que « la bicyclette expose les femmes à des dangers d'ordre intime de la plus haute gravité, et détail horrible, elle les enlaidit ». On l'incite à préférer le cheval*, sur lequel elle peut monter en amazone. Car l'homme du XIXe siècle, dominateur, perçoit dans la bicyclette un instrument d'émancipation pour la femme. Beaucoup de vélocipédistes eux-mêmes ne souhaitent pas voir leur épouse ou leur fille enfourcher cette machine, symbole de force et de virilité. Ce que les hommes craignent le plus, c'est de voir leur compagne revêtir un *bloomer*, pantalon à la turque imaginé par une féministe américaine ou, pire encore, adopter les vêtements* unisexes qui épousent les formes du corps. Afin de permettre à la femme de monter en jupe longue, on modifiera la morphologie des bicyclettes, et on finira par imaginer pour elle le plus gracieux des modèles, le col de cygne. CD

Affiche publicitaire pour la selle *Christy*.

SIX JOURS

■ SIX JOURS (COURSE DES)
Vitesse et endurance par équipe

Les haut-parleurs, les primes, la fumée s'élevant en volutes jusqu'aux « populaires » des virages prompts à s'enflammer contre les élégantes et les nantis du restaurant de la « pelouse », les « cagnas » ou « guitounes » des équipes tout au bord de la piste, l'accordéon : images classiques des Six Jours et d'une ambiance prenante à laquelle ne fut pas insensible un Paul Morand. Ces épreuves étaient nées très tôt dans les pays anglo-saxons où les courses étaient proscrites le dimanche. Elles se présentaient sous forme d'épreuves individuelles derrière entraîneurs avec addition des distances parcourues durant le nombre d'heures quotidien retenu. Plus tard, on passa aux 144 heures ininterrompues, avec en vedette Charles Miller, qui couvre 3 368 kilomètres à New York en 1898. Mais la lutte contre le sommeil faisait des rescapés de véritables loques. Ces courses furent alors interdites, et remplacées par l'obligation des équipes de deux, l'un restant toujours en piste* ; le train est soutenu, tout se joue presque au sprint final – et les obscurs Krupkat et Huschke parcourront 4 544,200 km en 1925 à Berlin. Puis le rythme s'accélère, la formule est coupée de séries de sprints. Après la disparition des vélodromes* d'Hiver de Paris et Bruxelles, l'époque change. Les Six Jours se sont humanisés (on neutralise la nuit et la matinée) ; la compétition*, fractionnée, se dissout en de multiples et brèves confrontations, la durée des « chasses » est limitée. Bien qu'elle recueille un succès plus confidentiel, l'épreuve draine encore en Belgique et en Allemagne des spectateurs bon enfant. JD

■ Tandem

Il y a deux images du tandem. Le tandem des cyclotouristes*, souvent vêtus de manière similaire comme des sortes de jumeaux pédalants, popularisé par les documentaires cinématographiques* des années 1930 ; ce tandem-là eut sa place dans les épreuves cyclosportives, la

Tandem
de cyclotourisme
Barra, 1953.
Saint-Étienne,
musée d'Art
et d'Industrie.

Polymultipliée de Chanteloup, les Paris-Brest-Paris de l'après-seconde guerre mondiale, et il est certain que l'addition rythmée des deux énergies donne aux tandémistes une belle allure et une réelle efficacité sur des parcours de difficulté raisonnable, ainsi que l'on peut encore s'en rendre compte dans certaines concentrations de masse.

L'autre image, plus ancienne, est liée aux épreuves derrière entraîneurs. Alors que les motos n'existaient pas encore, le tandem fut un élément essentiel de cette « artillerie à pédales » allant jusqu'aux quadruplettes et quintuplettes que se disputaient les marques* pour pouvoir placer les champions dans leur sillage, sur route comme sur piste*.

Mais le tandem fut surtout, sur piste, l'une des spécialités de la vitesse, pour laquelle les meilleurs n'hésitaient pas à s'allier. Et si certains coureurs n'étaient pas toujours de tout premier plan, ces épeuves, par les vitesses atteintes et leur caractère acrobatique*, plaisaient au public. Daniel Morelon et Pierre Trentin furent encore en 1968 à Mexico de beaux champions olympiques. Après 1972, le tandem d'abord rayé du programme des Jeux, plus récemment de celui des Championnats du monde, a tendu à disparaître. JD

Max Oppenheimer, *Course des Six Jours au Sportpalaststadium de Berlin*, 1929. H/t 73 × 86. Berlin, Berlinische Galerie.

TOUR DE FRANCE

■ TOUR DE FRANCE
« Voici que le long serpent bariolé apparaît, s'avance, s'allonge, épouse les contours de la route. » (Henri Desgrange)

Le 1er juillet 1903, 60 coureurs quittent *Le Réveil-matin*, café situé entre Villeneuve-Saint-Georges et Montgeron, pour un périple de 2 428 kilomètres en six étapes : Lyon, Marseille, Toulouse, Bordeaux, Nantes, Paris. Le 19 juillet, 21 rescapés « inconscients et rudes semeurs d'énergie », rejoindront Ville-d'Avray d'où ils se laisseront glisser vers le Parc des Princes. Nettement au-dessus du lot, le petit taureau Maurice Garin l'emporte en 94 h 33 mn, à 25,283 km/h. La course, proposée par le journaliste Géo Lefèvre, avait été organisée par le quotidien *L'Auto* qui espérait ainsi couler son vieux rival, *Le Vélo* – déjà affaibli depuis que son rédacteur en chef avait pris position en faveur de Dreyfus, mécontentant ses commanditaires. L'objectif est atteint, au-delà de toutes espérances. Les correspondants du journal* dirigé par Desgrange ont tenu en haleine lecteurs et public ; *Le Vélo* ne s'en relèvera pas.

La montagne, abordée en 1905 avec le ballon d'Alsace – sans dérailleur* –, va donner au Tour toute sa grandeur ; on s'incline, admiratif, devant le courage de ces hommes qui franchissent la Chartreuse (1907), les Pyrénées (1910), le Galibier (1911). La légende, sinon le mythe, des « géants de la route » se construit, car la vaillance des routiers touche à l'épique, ce que traduiront nombre d'œuvres littéraires* ou cinématographiques*. En 1926, le Tour le plus long comportera 5 745 kilomètres. À partir de 1930, le recours aux équipes nationales donne un nouveau souffle, et la caravane publicitaire* s'allonge. Le retour définitif aux équipes de marques* et groupes, à partir de 1969, n'a pas altéré la ferveur du public.

Le Tour compte désormais moins de 4 000 kilomètres ; son parcours n'épouse plus les limites de l'hexagone. Mais le maillot* jaune reste le rêve de tout débutant, et la course fait presque de l'ombre au calendrier mondial. Vraie fête, avec ses 15 millions de spectateurs au bord des routes, ses retransmissions télévisées dans le monde entier, le Tour de France, qui se déplace à 40 kilomètres à l'heure au siècle de la vitesse*, constitue été après été l'incarnation même du sport cycliste. Un fait de société. JD

TRAVAIL

Page précédente :
Jan Ulrich
dans la 18ᵉ étape
Colmar-
Montbéliard,
Tour de France,
1997.

■ Travail

Après avoir été longtemps sujette à une véritable vélophobie*, la bicyclette*, devenue objet utilitaire, va s'imposer dans la vie professionnelle. Beaucoup de petits métiers du commerce vont ainsi pouvoir développer la livraison à domicile. Les médecins de campagne, les notaires et les curés sauront aussi s'approprier ce mode de locomotion. À tous, on vante les mérites de cette machine, plus économique que le cheval*, et plus persévérante dans l'effort. L'administration ne sera pas en reste.

La bicyclette s'impose d'abord dans l'armée, où elle prend en 1892, une place officielle, servant aux estafettes pour la transmission d'informations. La même année, la direction des Postes décide d'organiser un service postal à vélo. C'est à Paris que les premières tentatives sont effectuées, dès le printemps 1892, pour permettre l'acheminement tardif des courriers jusqu'aux gares ; cette pratique se généralisera après la première guerre mondiale. Quant aux brigades cyclistes, elles sont d'abord expérimentées lors de l'Exposition universelle de 1900, avant que M. Lépine, préfet de police de Paris, signe l'arrêté du 5 juin 1901 officialisant leur création. Bientôt appelées Hirondelles, comme leur vélo fabriqué à

TRIATHLON

Saint-Étienne*, les brigades étendront leur activité à l'ensemble des quartiers périphériques. Afin de veiller à la bonne observance de la réglementation des nouvelles pistes cyclables, la Préfecture de police de Paris, depuis l'été 1997, vient de leur faire reprendre du service. CD

■ Triathlon

Il y avait eu des esquisses : la course des trois sports avant la guerre de 1914, une tentative du joyeux club* des Treize à la douzaine un quart de siècle plus tard. Mais c'est vers la fin des années 1970 que la poursuite de sensations nouvelles a provoqué le rapide succès du triathlon, parcours de natation, suivi d'un tronçon cycliste, achevé par de la course à pied, dont l'Iron Man d'Hawaï reste le prototype. Les concurrents, américains notamment, n'hésitant pas à tenter une approche technique du matériel, sans *a priori*, remirent le vélo de course* en course. À son tour, le sport cycliste en tira partie, malgré une vive méfiance initiale. Quand, au départ de la cinquième étape du Tour* 1989, Dinard-Rennes contre la montre*, Greg Lemond se présente avec une machine à guidon de triathlète – un guidon double avec deux accoudoirs qui lui assure des appuis et un aérodynamisme* bien meilleur – les commissaires, pris de court, vont tolérer l'innovation, et ce jusqu'à la fin de l'épreuve. Le guidon de triathlète aura une part évidente dans le succès arraché à Fignon sur les Champs-Élysées, pour huit malheureuses secondes. Depuis lors, les recherches et applications de cette innovation se sont irrésistiblement multipliées. JD

Épreuve de triathlon, Nice.

Monsieur et Madame Adolphe Clément sur leur tricycle, v. 1890.

Celui qui feuilletterait le *Livre d'or du sport cycliste*, ensemble de résultats réunis par Ernest Mousset (Daniel Gousseau) et Gabriel Belliard, édité par l'Union vélocipédique en février 1932, aura la surprise de trouver à la page des championnats de France professionnels une rubrique « Tricycles ». De 1884 à 1895 furent en effet disputés

■ TRICYCLE

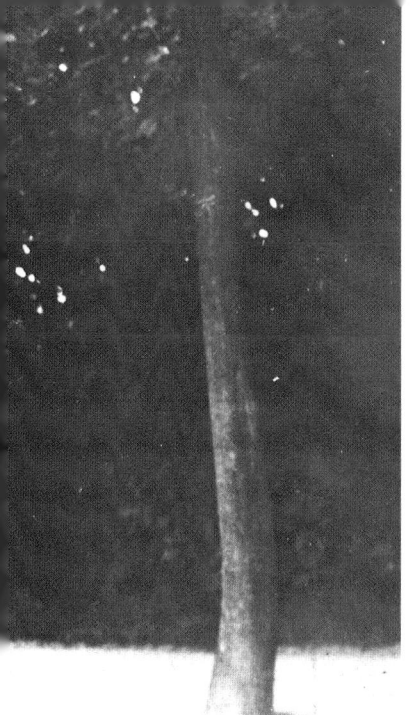

Mais c'est essentiellement en tant qu'engin de sécurité, plus stable par définition qu'un deux-roues, que le tricycle s'affirma, en particulier sous l'impulsion anglaise. Lors du Stanley Show de 1883, célèbre salon* consacré au cycle, la part des tricycles était dominante. En 1877, James Starley à Coventry* avait appliqué au modèle Salvo le principe du différentiel dans les virages. La même année, il avait imaginé le modèle Sociable Convertible, un quadricycle accueillant deux personnes assises côte à côte, aussi proche du vélo que des futures automobiles. De conception souvent étonnante à l'époque du « grand bi* », le tricycle pouvait comporter deux grandes roues à l'arrière, une petite à l'avant, ou au contraire une seule grande roue et deux petites sur le côté. Venu le temps des bicyclettes*, les roues* descendront à des dimensions raisonnables.

Le tricycle fut surtout recommandé pour le confort et la décence des dames. Mais un Maurice Martin, cycliste et journaliste* connu dans les années 1890, utilisera aussi ces engins pour certains longs parcours, car ils permettaient de transporter facilement un paquetage. Alors que l'usage* du bicycle était encore réservé aux loisirs ou aux compétitions*, les tricycles, employés par les livreurs, revêtaient déjà un aspect utilitaire. Leur lourdeur et leur encombrement les élimineront progressivement. Cependant, en Grande-Bretagne, le tricycle n'a jamais complètement disparu, et certains cyclotouristes* tentent encore parfois d'en relancer la mode. JD

des Championnats de vitesse, en général sur 5 kilomètres, et de 1886 à 1893 une course de 50 kilomètres. Des records* furent homologués, du kilomètre sur piste* aux 500 kilomètres sur route couverts par Coullibeuf en 30 h 12 mn en 1891. Il y eut donc une pratique sportive du tricycle et même du « tricycle-tandem* » – avec les deux occupants l'un derrière l'autre.

Fernand Léger, *Les Loisirs*, 1949. H/t 114 × 118. Biot, musée national Fernand Léger.

▪ Usage

Le vélo apparaît comme un témoin privilégié pour mesurer l'évolution des comportements sociaux et des pratiques culturelles des Français. L'histoire sociale du vélocipède ne commence véritablement qu'avec le Second Empire, et correspond alors à une pratique ludique réservée à l'élite*. Quand les perfectionnements techniques, comme le pneumatique*, confortent la crédibilité de la bicyclette* auprès d'un plus large public, l'industrie* du cycle va se développer. Un vaste mouvement de démocratisation* s'amorce dès avant 1914. Le deux-roues devient bientôt un symbole de la quotidienneté populaire, indissociable du travail*. En quelques années, il passe du statut de joujou réservé à une élite sociale à celui de moyen de locomotion indispensable pour beaucoup. Le développement de l'automobile, et surtout la commercialisation dans les années 1950 de véhi-

VÉLOCIPÈDE

cules populaires comme la 2 CV, accélérera le déclin de sa fonction utilitaire. Ce n'est que bien après la seconde guerre mondiale que la bicyclette connaîtra un renouveau, en même temps que se développe le mouvement écologiste*. À chacune de ces trois périodes correspond une appropriation sociale de la pratique du vélo. À la fin du XIXe siècle d'abord, l'aristocratie s'en réserve les faveurs. La classe ouvrière ensuite, après la première guerre mondiale, y voit un outil d'émancipation sociale. Enfin, les classe moyennes l'utilisent à l'heure de la société de consommation comme objet de loisirs écologique. CD

■ Vélo

Celui qui a trouvé que « vélo » était l'anagramme de *love* eut pu tout aussi bien inverser son propos. Si l'on n'est pas d'accord avec le jugement sans appel prononcé par René Fallet, jugement selon lequel « en aucun cas le vélo n'est une bicyclette. Rien de commun. Rien à voir. Rien à faire [...]. La bicyclette n'est pas un vélo [...]. La bicyclette, c'est [...] le véhicule utilitaire. En raccourci violent, le tracteur auprès du bolide » (*Le Vélo*, 1973), on pardonnera beaucoup à l'auteur de *Banlieue Sud-Est* et du *Triporteur*, pour avoir su exprimer que : « C'est au hasard des routes de forêt parsemées, çà et là, l'été, de plaques de soleil, dans le silence, que les boyaux fredonnent le mieux leur petite musique de source. » Vélo est un terme aussi générique que bicyclette, dans un registre plus familier, l'abréviation, commode et logique, de vélocipède, le nom de baptême français de la draisienne*. Jacques Perret ne s'y trompe pas, dans son apologie du *Machin* (1955) : « Mon expérience de la bicyclette n'est pas celle d'un coureur, ni même d'un cyclotouriste, et chose curieuse, entre parenthèses, de tous les vélos qui m'ont passé entre les jambes ou que j'ai crevés sous moi, aucun n'était de course. » Mais que l'on file comme le zéphyr ou que l'on peine, la petite reine* est digne de sollicitude et d'affection. JD

■ Vélocipède.

Voir Draisienne et Michaux

107

VÉLODROME

■ VÉLODROME
Le palais de la petite reine

En France, au début du siècle, les vélodromes poussèrent comme des champignons, en plein air le plus souvent, mais aussi couverts, accueillant les épreuves de cyclisme sur piste*, très prisées du public. Auparavant, les courses sur petites distances se tenaient aux Tuileries à Paris, aux Quinconces à Bordeaux, au Mail d'Angers, obligeant parfois les coureurs à virer autour d'un arbre pour revenir au point de départ. L'un des modèles du genre fut la « merveille en brique pilée » de Wolverhampton en Angleterre, aménagée en 1874 et utilisée aussi bien pour les courses de chevaux* que pour celles de « grands bi* ».

En 1885 à Bordeaux, la piste Saint-Augustin est une tentative encore imparfaite d'installation permanente. Courbevoie en 1891 (500 mètres en ciment) précédera Buffalo en 1892 (333,33 m), premier vélodrome digne de ce nom. Bientôt fleurissent en plein air la Seine (Levallois), l'Est (Charenton), la Municipale (Vincennes), le Parc des Princes (666,66 m), le second Buffalo (300 mètres en bois). Trois vélodromes couverts vont également se succéder à Paris, les Arts libéraux, la Galerie des Machines et le Vélodrome d'Hiver, haut lieu du cyclisme de 1910 à 1959. En 1927, l'Union vélocipédique dénombrera jusqu'à 148 vélodromes.

Le déclin du cyclisme sur piste, après la seconde guerre mondiale, amènera toutefois bien des démolitions. Alors que la piste escamotable du Palais Omnisports de Paris-Bercy n'est que trop rarement réinstallée, quelques vélodromes comme ceux de Rome ou Mexico, ceux de Bordeaux-le-lac ou Manchester font référence. Leurs virages abrupts permettent tous les records* de vitesse. JD

Piste escamotable du Palais Omnisports de Paris-Bercy, course des Six Jours, 1989.

■ **Vélophobie**

Dès sa naissance, la bicyclette éveille des réactions passionnelles. Le parlementaire Paschal Grousset clamera ainsi à la tribune de la Chambre en 1894 qu'il voit dans la vélocipédie « un facteur de premier ordre dans le perfectionnement de la race ». À l'opposé, d'autres dénonceront, à la même époque, une dégénérescence de la population vélocipédique. Les réticences ont d'abord concerné la moralité. Le passéisme de certains milieux puritains interdit la pratique féminine* jugée indécente, mais aussi celle des notables. Comme a su le relater le journaliste* Pierre Giffard dans *La Reine bicyclette* (1891), ouvrage dans lequel il donne l'exemple d'un procureur général « révoqué pour cause de vélocipédie », cette attitude est surtout la règle dans la petite bourgeoisie de province. Un article extrait du *Temps* de juin 1895 déplore même, entre autres maux, que « la bicyclette empêche de lire », et représente une menace redoutable « pour les cerveaux futurs. [...] *Le Vélo* et *Paris-Sport* ne sont ni Pascal ni Montaigne, et leur lecture ne donnera jamais une forte nourriture aux intelligences ».

C'est sans doute parmi les médecins que la réflexion évoluera le plus rapidement. Après la défaite de Sedan, le souci du corps, lié notamment à des ambitions patriotiques, apparaît comme une préoccupation nouvelle. L'indolence est dénoncée, tandis qu'est mis l'accent sur l'aspect préventif du sport en matière de santé*. Le mouvement hygiéniste, après avoir dénoncé la pratique du vélo*, ne cessera, quelques années plus tard, d'en vanter les mérites. CD

Tour de France, 1982.
Photographie d'Harry Gruyaert.

■ **Vêtement**

La pince à vélo, voire la courroie de cale-pied, permettant d'éviter que le pantalon ne vienne frotter contre la chaîne*, constituent le point zéro du vêtement cycliste. Quant à la tenue la mieux appropriée, on considérera qu'elle devrait être avant tout confortable, permettant l'aisance du mouvement, et de bon goût – mais justement, où le « bon goût » se situe-t-il ? Comme on peut le penser, l'évolution générale des mœurs a rendu moins contraignante la manière de se vêtir. Quoiqu'il en soit, une mode prit rapidement forme : « complet cycliste » avec veston, pantalon allant bien sûr au-dessous du genou, chapeau, puis casquette. Quant à la tenue des femmes*, elle suscita des discussions violentes, notamment quand il fut question de s'affranchir du corset.

Les pelotons de pédaleurs du dimanche se rapprochent maintenant beaucoup des tenues des coureurs, avec le risque de singer ceux-ci quand bien même on dépasse difficilement la vitesse* de vingt-cinq à l'heure. Les coureurs eux-mêmes copièrent d'abord le costume jockey (voir Cheval), et les routiers mirent longtemps avant de courir bras et jambes nus, et d'en venir classiquement au maillot* – de laine sur la route, de soie sur la piste* – et au cuissard noir à fond de peau de chamois, Charles Pélissier lançant définitivement au début des années 1930 les socquettes blanches et les gants cyclistes aux doigts coupés.

Les matériaux n'ont cessé d'évoluer : lycra et polystyrène ont conduit jusqu'aux combinaisons une pièce, trop moulantes parfois, le problème restant toujours l'évacuation de la transpiration, notamment pour les imperméables – le goretex commence à faire merveille. Les casques sont rarement très esthétiques. Les couleurs fluo en « jettent » parfois un peu trop. Mais les cyclistes passent, joyeux, tandis qu'une mode chasse l'autre. JD

■ Vitesse

La bicyclette est novatrice, elle marque le début de l'époque moderne. Elle se présente comme une transition exemplaire vers l'univers du XXe siècle. Dans son roman *Voici des ailes* (1888), Maurice Leblanc précise que « la bicyclette est un perfectionnement du corps lui-même [...] Il n'y a pas un homme et une machine. Il y a un homme plus vite ». En complément du chemin de fer, la bicyclette permit de réduire les distances entre la campagne* et la ville. En milieu urbain, lieu imprégné de vitesse, elle devient après 1880, le moyen de locomotion le plus rapide. Même si, sur son vélo, le citadin* d'alors ne dépasse pas les 15 kilomètres à l'heure, il accède à une vitesse mécanique personnalisée. Il appréhende autrement l'espace et devient indépendant dans ses déplacements.

En cette fin de XIXe siècle, l'émergence du sport vélocipédique est elle aussi étroitement liée à l'urbanisation. Le culte du record* s'inscrit dans la logique productiviste qu'entretient en France la pensée positiviste d'Auguste Comte avec pour devise « le Progrès pour but ». Les performances réalisées par les grands champions, capables de traverser le pays en quelques heures, offrent de nouvelles perspectives à l'être humain. Ainsi, jusqu'à ce que s'impose l'automobile, la bicyclette symbolisera la modernité industrielle. Même si, bien plus tard, avec l'écologie*, ces valeurs seront reconsidérées. CD

Marshal Walter « Major » Taylor (1878-1932).

■ VTT

Ci-dessus : VTT Peugeot *Safari*, 1990. Saint-Étienne, musée d'Art et d'Industrie.
À gauche : La Plagne, Haute-Savoie.

Avec ses pneus hérités du moto-cross, son guidon large et droit, son cadre* au design* particulier, ses fourches avec amortisseur, le *mountain-bike* ou VTT doit répondre à toutes les contraintes des terrains les plus accidentés. Il fut conçu en Californie à la fin des années 1970, alors que la pratique du vélo se développait en dehors des sentiers battus. Les premiers modèles, dont celui de l'inventeur présumé, Joe Breeze, étaient deux fois plus lourds que les vélos de course*, mais depuis, les recherches des constructeurs ont permis d'alléger le poids.

Les *mountain-bike* furent d'abord utilisés par des groupes de hippies avides de grands espaces, partant sur les traces de Kerouac, père de la *beat generation*. Puis la vague déferla sur l'ensemble du territoire américain. Le vélo tout terrain n'arriva en France qu'en 1983, et deviendra rapidement un produit de consommation de masse. À la fin de la décennie, la production* française passe de quelques centaines à plus de 300 000 exemplaires. Les ventes s'envolent, triplant chaque année, de 1985 à 1987, avant de doubler annuellement jusqu'en 1990. La part des VTT a atteint plus des deux tiers des achats de bicyclette en 1995, offrant un nouveau débouché à l'industrie du cycle.

La culture vététiste s'associe à un ensemble de valeurs communes aux pratiquants des sports *fun* californiens. « S'éclater » en saut à l'élastique, en parapente, en surf et jouer les *free-stylers* (acrobates*) en VTT, relève d'une même motivation, celle d'une nouvelle génération de sportifs avides d'extrême* et de sensations fortes. Dans les stations de montagne, le VTT s'impose comme un nouveau débouché, complémentaire du ski. Progressivement, la clientèle se diversifie. Le VTT apparaît en ville où il représente 80 % des déplacements à vélo. Les constructeurs sont obligés de s'adapter à une demande qui se segmente, *city-bike* et *country-bike* concurrencent le VTT (« vrai tout-terrain »). Devenu tant un instrument de loisirs de masse que le symbole d'un retour hédoniste à la nature et à l'écologie*, le VTT, sous ses différentes formes, touche un public de plus en plus large. CD

Henri de Toulouse-Lautrec, *Zimmerman et sa machine*, 1894. Crayon, 22,8 × 12,5.

Victoire de Laurent Dufaux, 17ᵉ étape d'Argelès-Gazost à Pampelune, Tour de France, 1996.

Zimmerman (Arthur Augustus)

Zimmerman (1869-1936), cet échassier un peu gauche lorsqu'il ne se trouvait pas juché sur la machine pour laquelle il semblait fait aura été le premier sujet d'une classe « exceptionnelle » de champions. Son caractère courtois et modeste, son étonnante vitesse de jambes – usant d'un développement de l'ordre de 5,30 m, il accélérait sans paraître forcer, et son maillot* bleu orné d'un pied ailé se détachait irrésistiblement quels que fussent les efforts de ses adversaires – firent longtemps de lui l'archétype du coureur cycliste. Ne commençant les compétitions* qu'en 1889, il bat sans discussion dès l'année suivante, sur bicycle à petite roue avant, Windle que l'on tenait pour invincible. Il passe à la bicyclette* en 1891, accumule 52 victoires, fait une tournée en Angleterre en 1892, remporte 75 victoires. En 1893, en France, où il acquiert une vraie popularité, dont se fait l'écho l'œuvre* de Toulouse-Lautrec, il efface tous ses adversaires, puis rentre au États-Unis, juste à temps pour s'adjuger à Chicago le premier Championnat du monde officiel de vitesse, soit 101 victoires en 111 courses. En 1894, devenu professionnel, il revient en France où il ridiculise littéralement les meilleurs Britanniques, Edwards et Barden, qui ont traversé la Manche tout exprès pour l'affronter. À travers le temps, Zim, le Yankee volant, demeure légendaire. JD

2000-1900 av. J.-C. Présence de roues porteuses sur des bas-reliefs assyriens.

1493 Certains éléments constitutifs du cycle sont représentés dans des esquisses peut-être attribuables à Léonard de Vinci.

1817 Karl Drais von Sauerbronn parcourt en une heure 14 km 400 sur une machine de son invention nommée *Laufmaschine*. La draisienne, appelée aussi vélocipède, est née.

1845 L'ingénieur écossais Robert Thomson dépose un brevet pour des bandages pneumatiques.

1855-1856 Mise au point du convertisseur Bessemer pour la transformation de la fonte en acier.

1861 Pierre Michaux place des pédales de part et d'autre de la roue avant d'une draisienne.

1867 Exposition universelle de Paris, deux vélocipèdes au moins y sont exposés.

1868 Le 7 mai, création de la société Michaux & Cie. Le 31 mai, James Moore remporte ce qui sera considéré comme la première course de vitesse de vélocipèdes organisée en France. Naissance du Véloce-club de Paris, premier club français.

1869 Richard Lesclide lance *Le Vélocipède illustré* le 1er avril. Création en Grande-Bretagne de la Coventry Machinist's Company par Turner et Starley. La Compagnie parisienne des Frères Olivier organise du 30 octobre au 5 novembre au Pré-Catelan une exposition internationale de vélocipèdes. Le 7 novembre, première course dite de ville à ville disputée entre Paris et Rouen – Moore s'impose à nouveau.

1870 La Coventry Machinists' Company lance le premier grand bi anglais tout en fer (modèle Ariel).

1870-1871 La guerre entre la France et la Prusse porte un coup fatal à l'industrie française du cycle, l'Angleterre devient dès lors le principal fabricant mondial.

1876 Présentation de grands bi anglais lors de l'Exposition du centenaire de l'indépendance à Philadelphie, ouverture du marché américain.

1877 Albert Augustus Pope ouvre à Boston la Pope manufacturing company, qui produit des bicycles dès l'année suivante. En France, Rousseau réalise un « bicycle sûr », nettement moins haut que les grands bi et doté de deux vitesses, selon des principes que reprendront les Britanniques pour présenter le Kangaroo en 1884.

1878 Création du Bicycle Touring Club anglais. Le Stanley Show, à Londres, présente au public une variété de 1 400 machines.

1879 L'Anglais Henry John Lawson dépose un brevet pour une bicyclette à roue arrière motrice et à transmission par chaîne.

1881 Création de l'Union vélocipédique de France le 6 février. Jules Truffault conçoit le Sphinx, plus proche des futures bicyclettes que du grand bi.

1885 Georges Juzan va de Bordeaux à Libourne sur un bicycle à chaîne et roues égales qu'il a lui-même conçu. Le modèle Rover à roue arrière motrice sort des usines de Coventry.

1885-1886 Les machines de type « bicyclette », plus sûres que les grands bi, vont s'imposer sur le marché. Hall et Heroult inventent la production d'aluminium par électrolyse.

1887 Paul de Vivie, alias Velocio, figure majeure du cyclotourisme français, lance à Saint-Étienne le premier numéro de sa revue *Le Cycliste*.

1887-1889 Construction de la Tour Eiffel.

1887-1890 Premières voitures automobiles.

1888 Le cadre, d'abord dit « en croix », se confirme comme la véritable charpente de la bicyclette. Dunlop dépose un brevet pour le pneumatique.

1890 Création du Touring Club de France.

1891 Édouard Michelin commercialise le premier pneumatique à talon amovible. Accord entre les Frères Gauthier et les industries de l'armement de Saint-Étienne, début de l'industrie du cycle dans la cité stéphanoise. Le *Véloce Sport* lance le 23 mai la course Bordeaux-Paris.

1892 Baudry de Saunier publie son ouvrage intitulé *Cyclisme théorique et pratique*. Commercialisation du modèle Hirondelle fabriqué à Saint-Étienne. Premier Liège-Bastogne-Liège. La direction des Postes décide d'organiser une partie de la distribution à bicyclette. Construction du vélodrome Buffalo à Paris. Lancement du premier quotidien sportif, *Le Vélo*.

1893 Création de l'impôt sur les vélos. L'International Cyclist's Association voit le jour.

1894 Le premier grand Salon français du cycle se tient à Paris, salle Wagram, en janvier.

1895 Premier championnat du monde sur piste.

L O G I E

1896 L'Allemand Josef Fischer remporte le premier Paris-Roubaix.

1897 Pierre Carmien dépose le brevet de la roue libre le 4 décembre.

1898 Premier Salon de l'automobile à Paris.

1900 La France, la Belgique, la Suisse, l'Italie et les État-Unis lancent, à Paris, l'Union Cycliste Internationale.

1903 Premier Tour de France.

1907 Premier Milan-San Remo.

1908 Aux États-Unis, production en série d'automobiles Ford.

1909 Premier Giro en Italie. Blériot traverse la Manche.

1913 La course dite de la Polymultipliée a lieu à Chanteloup. Les coureurs expérimentent divers systèmes de changements de vitesse.

1915-1919 L'activité cycliste de compétition est ralentie durant la guerre. De nombreuses industries du cycle se reconvertissent en usine d'armement.

1923 Lucien Juy lance le dérailleur Simplex.

1930 Première Coupe du monde de football.

1931 Le journaliste Gaston Bénac organise le premier Grand Prix des Nations, gagné par Maurice Archambaud.

1933 Le dérailleur se perfectionne grâce aux travaux de Campagnolo.

1934 Mise au point chez Citroën de la traction avant automobile.

1935 Première « Vuelta » d'Espagne.

1937 Ouverture à Paris de l'Exposition internationale des arts et techniques. Les organisateurs du Tour de France acceptent enfin le dérailleur.

1939-45 Souvenir des temps heureux ? Les compétitions cyclistes se poursuivent, malgré toutes les restrictions. L'activité des vélodromes est particulièrement vivace.

1952 Comme en 1949, Fausto Coppi réussit le doublé Tour de France et Giro.

1958 Les Six Jours ont lieu pour la dernière fois au vélodrome d'Hiver. Premiers championnats du monde féminins.

1959 Suppression de l'impôt sur les vélos le 1er janvier. Démolition du vélodrome d'Hiver.

1964 Jacques Anquetil est le premier cycliste à remporter cinq Tours de France.

1970 Début de la vogue du mini-vélo.

1972 La première piste officielle de bicross est construite à Santa Monica en Californie.

1973 Luis Ocana gagne le Tour de France en utilisant à plusieurs reprises un vélo en titane.

1974 Cinquième victoire d'Eddy Merckx au Tour de France.

1976 La Rochelle lance l'opération « vélos jaunes » pour promouvoir l'usage de la bicyclette en ville. D'autres municipalités suivront cet exemple.

1979 Début du développement industriel du VTT qui atteint l'Europe.

1985 Bernard Hinault remporte son cinquième Tour de France.

1995 Miguel Indurain remporte son cinquième Tour de France consécutif.

1996 La distinction entre professionnels et amateurs ayant été supprimée l'année précédente, tous les meilleurs peuvent enfin concourir lors des Jeux Olympiques d'Atlanta. L'Anglais Chris Boardman établit le 6 septembre un nouveau record de l'heure sur piste en couvrant 56,375 km.

1997 La Préfecture remet en service les brigades cyclistes à Paris.

BIBLIOGRAPHIE SÉLECTIVE

Pierre Chany, *Arriva Coppi ou les rendez-vous du cyclisme*, La Table ronde, 1960.
Jean Durry, *La Véridique Histoire des géants de la route*, Edita, 1973.
Antoine Blondin, *Sur le Tour de France*, Mazarine, 1979.
Jean Durry et ses amis, *L'enCYCLEopédie*, Edita-Denoël, 1983.

Jacques Seray, *Deux-roues - La Véritable Histoire du vélo*, Le Rouergue, 1988.
Keizo Kobayashi, *Histoire du Vélocipède de Drais à Michaux, 1817-1870. Mythes et réalités*. Avec le soutien du Bicycle Culture Center, Tokyo, 1993.
Philippe Gaboriau, *Le Tour de France et le vélo - Histoire sociale d'une épopée contemporaine*, L'Harmattan, 1995.

I N D E X

Allais, Alphonse 72
Allen, Bryan 61
Anquetil, Jacques 19, 45, 65, 82, 88
Aurenche, Henry 72
Aymé, Marcel 72

Baldini-Ercole 45
Ballanger, Félicia 62
Bardem, Juan Antonio 40
Barden 114
Bartali, Gino 22, 45, 65
Barthes, Roland 72
Baudry de Saunier 31, 60, 97
Bellencontre, docteur 96
Belliard, Gabriel 104
Belloni, Gaetano 65
Benac, Gaston 82
Berendonck, Émile Van 33
Bernard, Tristan 72
Bernhardt, Sarah 62
Berthet, Marcel 64
Beukelaer, Émile de 62
Binda, Alfredo 65
Biscot, Georges 40
Blachon, Pierre 94
Blondin, Antoine 23, 34, 71-72, 88
BMX (marque) 53
Boardman, Chris 53, 82, 92
Bobet, Louison 45, 60
Boissy-d'Anglas, François, Comte de 56
Bonneau, Liliane 62
Bost, Josyane 62
Bottini, Georges 83
Bouchard, Jean-Philippe 72
Bourvil, André 40
Bouverie, Yves 49
Braque, Georges 83
Breeze, Joe 113
Briquet, Georges 71
Brunero, Giovanni 65
Buffalo Bill, William Frederick Cady, dit 38
Buffet, Bernard 83
Buisset, Gérard 44

Bunau-Varilla (marque) 64
Burrows, Mike 53
Buzzatti, Dino 45, 71
Campagnolo, Tullio 52
Carmien, Pierre 64
Caza 37
Cham, Amédée-Charles-Henri, comte de Noé, dit 37
Champreux, Maurice 40
Chany, Pierre 34, 71
Chapatte, Robert 71
Charnacé, Guy de 40
Charron, Fernand 75
Chèze, Théodore 72
Christophe, Eugène 74
Clare, Michel 34
Clément (marque) 24, 75
Colnago (marque) 75
Coppi, Angelo Fausto 22, 45, 65, 79, 82, 84
Cougnet, Armando 65
Coullibeuf 105
Cruikshank, Georges 36
Cycles Peugeot (marque) 75

Dalí, Salvador 83
Darrigade, André 45
Daumier, Honoré 37
Deon, Bernard 73
Dero 37
Desgrange, Henri 26, 52, 71, 92, 100
Devillers, Paul 61
Diamant (marque) 75
Dodge, Pryor 65
Drais, Karl Friedrich, von Sauerbronn 11, 54-55, 79
Dreyfus, Alfred 100
Du Cros, frères 86
Dubuffet, Jean 83
Duchamp, Marcel 83
Duclos-Lassalle, Gilbert 64, 84
Duncan, Herbert Osbaldeston 32
Dunlop, John Boyd 25, 86

Dunoyer de Segonzac, André 83
Dupuy, Jean-Pierre 49
Dutrieux, Hélène 62

Edwards 114
Eisenhower, Dwight David 96
Ertaud, Jacques 40
Even-Lancien, Nathalie 62

Faizant, Jacques 37
Fallet, René 107
Faure, Francis 64
Fignon, Laurent 65, 103
Forain, Jean-Louis 95
Forêt, Joseph 83
Foujita 83
Fourastié, Jean 51
Fuchs (marque) 89

Gaboriau, Philippe 51
Galetti, Giovanni 65
Gambillon, Geneviève 62
Ganna (marque) 65, 89
Garin, Maurice 29, 75, 100
Gaul, Charlie 45, 65
Gauthier, frères 94-95
Geminiani, Raphaël 89
Gendry de Moncontour 67
Génial-Lucifer (marque) 75
Georget, Léon 61
Giffard, Pierre 18, 38, 71, 79, 93, 109
Gimondi, Felice 65
Girardengo, Costante 65
Gitane (marque) 47, 75
Goddet, Jacques 71
Godefroot, Walter 92
Gousseau, Daniel 104
Gracq, Julien 72, 85
Gray, Henri 95
Grousset, Pascal 109
Guesdon, Frédéric 84
Guimard, Cyrille 47, 89

Haeckel, Ernst 56
Hemingway, Ernest 72

INDEX

Hillmann, Herbert & Cooper (marque) 32
Herse, Lily 62
Hervé, Claude 61
Hinault, Bernard 44, 47, 65, 75, 82, 88-89
Hugo, Victor 71
Hume, W. 86
Huschke 98
Hutchinson (marque) 86

Indurain, Miguel 22, 65, 82, 88
Jarry, Alfred 72, 83
Joffé, Alex 40
Jonas, Lucien 83
Juy, Lucien 52

Kaufmann, Famille 29
Keaton, Buster 40
Kelen 37
Kelly, Sean 84
Kerouac, Jack 113
Kobayashi, Keizo 37, 79
Koblet, Yvan 65, 82, 84
Krupkat 98
Kubler, Henry 45

Laffitte, Pierre 71
Lapébie, Roger 84
Lapize, Octavio 83
Laumaillé, Albert 38
Leblanc, Maurice 110
Lefèvre, Géo 100
Léger, Fernand 83
Lehmann 53
Lelouch, Claude 40
Lemaire, Jeannine 62
Lemond, Greg 89, 103
Lépine, Louis, préfet de police 102
Lesclide, Richard 71, 73
Lesna, Lucien 29
Longo-Ciprelli, Jeannie 62
Looy, Rik Van 83

Mac Orlan, Pierre 36
Madiot, Marc 84

Magne, Antonin 44, 88
Magni, Fiorenzo 45, 65, 89
Magritte, René 83
Maillol, Aristide 83
Malaparte, Kurt Suckert dit Kurzio 45
Malle, Louis 40
Maréchal, Jean 84
Marre, docteur 50
Mars 93
Marsal, Catherine 62
Martin, Maurice 105
Marvingt, Marie 62
Meiffret, José 61, 92
Mercier (marque) 75
Merckx, Eddy 22, 40, 47, 65, 75, 78, 82-83, 88, 92
Messagier, Jean 83
Metzinger, Jean 83
Michaux, famille 11, 38, 44, 48, 55, 64, 70, 79, 84, 107
Michaux, Ernest 60
Michelin, famille 12, 86
Miller, Charles 98
Mills, George Pikington 82
Mimard, Étienne 94-95
Montaigne, Michel Eyquem de 43, 109
Moore, James 11, 44
Morand, Paul 98
Morelon, Daniel 99
Moser, Francesco 47, 65, 79, 83
Moulton, Alex 80
Mousset, Ernest 104
Mucha, Alfons 83
Murphy, Charles 92

Naudin, Pierre 72
Nencini, Gastone 45
Neruda, Pablo 72

Olivier, Aimé 79
Olivier, Marius 79
Orlandini, Fabio 71

Pascal, Blaise 109
Pavesi, Eberardo 45

Pélissier, Charles 37, 110
Pellos, René 37
Perez, Maurice 83
Perret, Jacques 72, 107
Picasso, Pablo 83
Pico 37
Plunkett, Jack 37, 74
Pope, Albert Augustus 12, 71, 87
Poulidor, Raymond 87-88

Raleigh (marque) 48, 80
Rebry, Gaston 83
Red 37
Redant, Hendrik 92
Renard, Jules 72
Renault, Louis 75, 89
Reuze, André 72
Robin, Melle 62
Roche, Stephen 65
Romains, Jules 72
Rominger, Tony 82
Rosny, Joseph Henri 18, 72
Rossini 65
Rousseau 32
Rowlandson, Thomas 36
Rudge (marque) 32
Ruffier, James 96
Ruinart, Paul 43

S'tick 37
Saint-Maurice, Rémy 72
Santoni, Joël 40
Saronni, Giuseppe 65
Seray, Jacques 73
Sica, Vittorio de 40
Starley, James 32, 48, 105
Starley et Sutton (marque) 32
Steinlen, Théophile Alexandre 83
Stelli, Jean 40
Stevens, Thomas 61
Steyaert, Karel 71
Sturmey, Henry 62
Sudres, Claude 72

119

INDEX

Szènès, Arpad 83
Tapie, Bernard 89
Tati, Jacques 40
Terront, Charles 12, 22, 33, 56, 71, 86
Thomson, Eliher 86
Tissié, Philippe 97
Torriani, Vincenzo 65
Toulouse-Lautrec, Henri Marie de 37, 83, 114
Trentin, Pierre 92, 99
Truffault, Jules 66
Turner, Rowler 48, 62
Twain, Mark 31

Utrillo, Maurice 83

Vailland, Roger 72
Valetti, Giovanni 65
Valtier, André 72
Van Dongen, Kees 83
Vanderstuyft, Léon 92
Verbruggen, Hein 62
Vienne, Théodore 83
Vietto, René 45
Villon, Jacques 83
Virenque, Richard 74
Vissac, Renée 62
Vivie, Paul de 37, 50, 52, 74

Vlaeminck, Roger de 84
Vuillard, Édouard 83

Weber, Eugène 36
Wilhelmine, reine de Hollande 93
Windle 114
Wolber (marque) 86

Yates, Peter 40

Zadkine, Ossip 83
Zimmerman, Arthur Augustus 114
Zülle, Alex 82

Crédits photographiques : Ohio Historical Society coll. Smithsonian Institution 6 ; Stanley B. Burns MD Collection 110 ; Issy-les-Moulineaux, Presse Sport 45, 65h ; La Garenne-Colombe, Panoramic Films 40 ; New York, Metropolitan Museum of Art 83 ; Paris, bibliothèque Forney 31, 38b, 60, 71, 95b ; Bicloun 68-69 ; Dagli Orti 10, 13, 18, 22, 28, 42, 48h, 56-57 ; Flammarion/Frédéric Morellec 93h ; Magnum/René Burri 4-5 /Steve Mc Curry 16-17 /Martine Franck 20-21 /Robert Capa 23b, 58-59 /Elliott Erwitt couverture, 36h /Stuart Franklin 38h-39 /Guy Le Querrec 74-75 /H. Kutoba 88 /Henry Cartier-Bresson 93/ Erich Lessing 98h-99 /Harry Gruyaert 109 ; Réunion des musées nationaux 29, 89, 106 ; Roger-Viollet 19, 34h, 36b-37, 44, 48-49, 51, 73b, 78, 104-105 /Branger-Viollet 86 /Coll. Viollet 87b, 97 ; Vandystadt 50/Gérard Vandystadt 23h, 27, 30, 82 /Bruno Bade 46-47, 52-53, 63, 76-77, 90-91, 96 /J.-P. Lenfant 52h /Richard Martin 84h, 85, 100-101, 108 /J.-M. Loubat 92 /Vincent Kalut 94, 115 ; Rosny-sous-Bois, Fédération française de Cyclisme 61b ; Saint-Étienne, Musée d'Art et d'Industrie 32-33, 34-35, 54-55, 61h, 65b, 66-67, 70b, 73h, 79, 80, 81, 84b, 95h, 98b, 113 ; Vanves, Explorer/Coll. E.S. 12 /Galen Rowell 14 /Archives, coll. Soazig 15 : E. Simanov 40-41 ; J.-J. Raynal 64 /Coll. J.-B. 70h /Patrick Forget 102 /Ph. Brylak 103 /Pascal 112.
© ADAGP, Paris 1997 pour les œuvres de Marcel Duchamp, Fernand Léger et Jean Metzinger.

Directeur de la Série Art de Vivre : Stéphane Melchior-Durand
Coordination éditoriale : Béatrice Petit
Assistante d'édition : Chloé Jarry
Lecture et corrections : Élisabeth Andréani
Direction artistique : Frédéric Célestin
Mise en pages : Thierry Renard
Photogravure, Flashage : Pollina s.a., Luçon
Papier : BVS-Plus brillant 135 g. distribué par Axe Papier, Champigny-sur-Marne
Couverture imprimée par Pollina s.a., Luçon
Achevé d'imprimer et broché en octobre 1997 par Pollina s.a., Luçon

© 1997 Flammarion, Paris
ISBN : 2-08-012568-0
ISSN : 1275-2789
N° d'édition : FA 256801
N° d'impression : 72808
Dépôt légal : novembre 1997

Imprimé en France

pages 4-5 : Louxor, Égypte.
page 6 : W. H. Miller et son fils sur un *Expert Columbia*, 1882.